Gustav Wilhelm Frank

Die K. K. evangelischtheologische Fakultät in Wien

von ihrer Gründung bis zur Gegenwart

Gustav Wilhelm Frank

Die K. K. evangelischtheologische Fakultät in Wien
von ihrer Gründung bis zur Gegenwart

ISBN/EAN: 9783743621558

Hergestellt in Europa, USA, Kanada, Australien, Japan

Cover: Foto ©Lupo / pixelio.de

Weitere Bücher finden Sie auf **www.hansebooks.com**

DIE

K. K. EVANGELISCH-THEOLOGISCHE FACULTÄT

IN WIEN

VON IHRER GRÜNDUNG BIS ZUR GEGENWART.

ZUR FEIER

IHRES FÜNFZIGJÄHRIGEN JUBILÄUMS

VERFASST VON

DR. GUSTAV FRANK

ORDENTLICHEM PROFESSOR AN DER K. K. EVANGELISCH-THEOLOGISCHEN FACULTÄT UND
GEISTLICHEM RATHE AUGSBURGISCHER CONFESSION IM K. K. EVANGELISCHEN
OBERKIRCHENRATHE IN WIEN.

WIEN 1871.
WILHELM BRAUMÜLLER
K. K. HOF- UND UNIVERSITÄTSBUCHHÄNDLER.

Vorrede.

Eine Geschichte der k. k. evangelisch-theologischen Facultät gehörte bisher zu deren unerfüllten Wünschen. Was Glatz über ihre Gründung schrieb, ist Manuscript geblieben. Schimko und Stählin, vom Professoren-Collegium 1858 mit der Verfassung einer quellenmässigen Facultätsgeschichte — für deren Zustandekommen die vorgesetzte hohe Behörde sich lebhaft interessirte — betraut, sind darüber heimgegangen. Als Angesichts des fünfzigjährigen Jubiläums der Facultät der Mangel einer Geschichte derselben sich besonders fühlbar machte, habe ich, den an mich gerichteten Wünschen entsprechend, die einschlägigen Consistorial- und Facultätsacten, die zu einem kleinen Berge bereits sich aufgethürmt haben, und was etwa Gedrucktes sich darbot, durchforscht und so vorliegendes Schriftchen zusammengestellt. Möge die evangelische Kirche Oesterreichs das Büchlein, dem von seiner Geburt ex actis her noch ein wenig Actenstaub anhängen dürfte, freundlich hinnehmen aus meiner Hand, ein Stammbuchblatt aus ihrer neueren Geschichte.

Wien, am 2. April 1871.

Der Verfasser.

Vorgeschichte.

Der Gedanke, eine evangelisch-theologische Lehranstalt in Wien zu errichten, taucht zum ersten Mal im Jahre 1569 auf. David Chytraeus, der melanchthonisch milde Professor in Rostock, damals zur Organisation des evangelischen Kirchenwesens nach Oesterreich berufen, berichtet in die Heimat, die österreichischen Stände hätten Kaiser Maximilian II. gebeten, dass ihnen und ihren Nachkommen öffentlicher Gottesdienst in der Stadt Wien erlaubt, die Einsetzung eines Superintendenten — für welches Amt der Superintendent in Braunschweig, Martin Kemnitz, als der zweite Martinus der lutherischen Kirche gepriesen, ausersehen war — eines Consistoriums und die Errichtung einer theologischen Schule daselbst gewährt werde [1]). Die Bitten der Stände blieben damals unerfüllt. Während in Deutschland die evangelische Kirche territoriale Sicherheit gewann und ihre Theologen, für die reine Lehre allezeit kampffertig, die bella Domini contra diabolum et haereses führten, knickten unter vielerlei Drangsal in Oesterreich die Blüthen, welche die Reformation

---

[1]) „Ordines et templum in urbe Vienna publicum concedi et Superintendentis ac Consistorii constituendi facultatem praeberi petiverunt — — ac scholae Theologicae in hac urbe instituendae." O. Krabbe, David Chyträus. Rostock, 1870. I. Abth., S. 213 f.

hier getrieben hatte. Als aber die Aufklärung kam und in Deutschland eine Welt in Trümmer legte, ging mitten in diesem Gewittersturm dem Protestantismus in Oesterreich die Auferstehungssonne auf. Die Aufklärung des achtzehnten Jahrhunderts war Inthronisation der Subjectivität in ihrer Naturwüchsigkeit. Das Ich sprengte die Fesseln der Jahrhunderte, je weiter sein Spielraum, desto grösser sein Wohlgefühl. An die Stelle des Patriotismus trat der Cosmopolitensinn, an die Stelle der monopolisirten Confession die Universalreligion, ein Pantheon für die Völker aller Zonen. Die Aufklärung war, weil abhold dem Bestimmten und Positiven, tolerant. Denkmünzen damaliger Zeit, auf die Toleranz geprägt, zeigen Geistliche verschiedener Confessionen, die sich die Hand reichen, in Wirklichkeit feierten die Einweihung der Synagoge zu Seesen mit dem Oberrabbiner lutherische Superintendenten, reformirte Prediger und katholische Priester. Kaiser Josef II. (Josephus II. tolerans), der gekrönte Menschenfreund, der Jeglichem die volle Freiheit gönnte, nach seiner Weise das ewige Wesen anzubeten und nach Belieben sich den Weg zur Ewigkeit zu arrangiren, schenkte seinen akatholischen Unterthanen vom Thron herab die Toleranz. Bald konnte vom neuaufgehenden Licht des Evangelii in den österreichischen Staaten geredet werden. Am 13. October 1781 erschien das berühmte Hofdecret mit der Kunde: „dass Seine Majestät, überzeugt einerseits von dem grossen Nutzen, der für die Religion und den Staat aus einer wahren christlichen Toleranz entspringt, sich bewogen gefunden haben, den Augsburgischen und Helvetischen Confessions-Verwandten, sowie den Graecis non unitis das exercitium religionis privatum allenthalben zu gestatten, ohne Rücksicht, ob selbes jemals gebräuchlich oder eingeführt gewesen sei oder nicht." Der

Vorzug der katholischen Religion besteht im öffentlichen Religionsexercitium, während die Bethäuser der Protestanten und nichtunirten Griechen keine Thürme, kein Geläute und keinen Eingang, der eine Kirche vorstellte, haben dürfen. Dieses Toleranzedict fand ein weit tönendes Echo, es war Geist vom Geiste der Zeit. Freigesinnte Katholiken [2]) plaidirten dafür, dass der Religionspartei der Protestanten, welche in Wissenschaft und Aufklärung sich Vorzüge erworben habe, nicht mit Intoleranz die Grenzen versperrt und Bürgerrechte versagt würden. Danke

[2]) H. J. Watteroth: Für Toleranz überhaupt und Bürgerrechte der Protestanten in katholischen Staaten. Wien, 1781; wo es heisst: „Die Protestanten haben keinen Satz, der mit der Sittenlehre der Katholiken oder mit den Bürgerpflichten eines katholischen Staates unvereinbarlich wäre, im Gegentheil müssen wir gestehen, dass die grosse Reformation Epoche in der Reinigung der christlichen Sittenlehre veranlasst habe. Ihnen sind wir es schuldig, dass die klaren Grundsätze und Wahrheiten des Evangeliums aus dem Mönchswuste und dem Aristotelischen Wortkram wieder hervorgezogen worden sind. Bei ihnen ist die Quelle der Religion jedem Christen offen, die Schildwache der Scheingelehrsamkeit bewacht sie nicht. Ihre Gelehrten haben die Religions- und Kirchengeschichte am ersten von 'abenteuerlichen Mönchslegenden und Unfehlbarkeitskrämereien gereinigt. Protestantische hohe Schulen, worunter sich Göttingen besonders auszeichnet, haben den katholischen Universitäten die meisten Lehrer vorbereitet." Schreiben eines österreichischen Pfarrers (M. A. Wittola, Pfarrer zu Propstdorf) über Toleranz nach den Grundsätzen der katholischen Kirche. Wien, 1782. Zweites Schreiben. Wien, 1782. Der Verfasser sagt: „Lasset es uns versuchen, und mit unsern irrenden Brüdern freundlich von dem, was zu Jerusalems Frieden gehöret, sprechen." Die katholische Kirche bete nicht um Ausrottung der Ketzer, sondern der Ketzereien. Text des augsburgischen Intoleranten (d. i. Aloysius Merz, Controversprediger in Augsburg) mit den Noten eines toleranten Oesterreichers. Wien, 1782. Circularschreiben des Herrn von Hay, Bischofs zu Königgrätz, an die Geistlichkeit seiner Diöcese über die Toleranz vom 20. November 1781. Wien, 1782. Tribut der Dankbarkeit für die von Ihro Röm. Kais. Majestät Josef II. eingeführte Toleranz in den k. k. Staaten, von einem allgemeinen Patrioten. 1782. Ueber die Duldung der Religionen. 1781. Noch etwas Neues über die Toleranz. Wien, 1782.

bare Protestanten ³) gelobten ihrerseits, mit den Katholiken, einem Gott und einem Kaiser dienend, Hand in Hand zu gehen. „Weg also mit allen von manchem überorthodoxen Stanzius uns vorgelogenen fürchterlichen Popanzen, weg mit dem alten unchristlichen Religionshass, er sei von nun an auf ewig von unsern Grenzen verscheucht, mit Ketten des ewigen Stillschweigens belegt." Der Prediger der holländischen Gesandtschaft (seit 1782 Prediger der reformirten Gemeinde und Superintendent) in Wien K. W. Hilchenbach, pries mit männlicher Beredtsamkeit die Stimme des Herrn (Act. 10, 35), welche den Monarchen zu dem Entschluss führte, denkenden Menschen dasjenige zu verstatten, was in aller Rücksicht ihnen das wichtigste sein muss, Glaubensfreiheit ⁴). Die Lutheraner in Wien hielten sich durch die Gnade der landesfürstlichen Duldung verpflichtet, ihren Glauben zu bekennen ⁵), dessen Summa in das Exhortatorium auslief: Seid gute Christen, folglich gute Unterthanen!

Auf das Toleranzpatent folgten bald andere, den Evangelischen günstige Acte. Bereits am 4. December 1781 erhalten die k. k. Universitäten die Erlaubniss, auch Protestanten zu graduiren ⁶). Weil weder im Fürstenthum Teschen, noch im Königreiche Ungarn Candidaten der

---

³) Der dankbare Protestant gegen seinen duldenden Kaiser. Von J. A. v. W. Wien, 1782.

⁴) Die Gesinnung eines Christen gegen besondere Wohlthaten Gottes durch seinen Regenten. Eine Rede über Psalm 138, 1 und 2, vorgetragen in der holländischen Gesandtschafts-Capelle am letzten Sonntag des Jahres 1781. Wien, 1782.

⁵) Glaubensbekenntniss der Evangelischen A. C. in Wien. Zum Zeugniss und christlichen Urtheil über sie. Herausgegeben von Friedrich v. Ankerstein. Wien, 1782.

⁶) Die erste österreichische Universität, welche von dieser Erlaubniss Gebrauch machte, war Innsbruck; sie verlieh am 23. Juli 1782 Schlözer in Göttingen die Würde eines Doctor juris.

Theologie in hinlänglicher Anzahl vorhanden waren, so wird am 13. März 1782 den Evangelischen verstattet, Pastoren aus den Ländern des römischen Reichs zu berufen, mit Ausnahme von Preussisch-Schlesien und Sachsen. Das Consistorium A. C. in Teschen wird erweitert und 1785 nach Wien verlegt [7]), zugleich für die Gemeinden H. C. in den k. k. Erblanden ein eigenes Consistorium in Aussicht genommen. Am 31. März 1786 erscheint die „Instruction für die Superintendenten und Senioren der Augsburgischen Confessionsverwandten in den k. k. Erblanden, wie sie von dem Consistorio A. C. entworfen und von Seiner Majestät dem Kaiser bestätigt worden ist." So erfüllten sich rasch nach einander die Wünsche der österreichischen Stände aus des Chyträus Zeiten bis auf die Gründung einer theologischen Schule in Wien. Erst das neunzehnte Jahrhundert brachte dieses Wunsches Erfüllung.

Am 6. August 1806 hatte Kaiser Franz der deutschen Kaiserwürde entsagt und seine sämmtlichen Staaten dem deutschen Reichsverband entzogen. Diese politische Lostrennung, welche den Kaiserstaat auf sich selbst stellte, scheint den letzten Impuls gegeben zu haben zu folgendem Erlass der k. k. vereinigten Hofstelle, an deren Spitze damals der böhmisch-österreichische oberste Kanzler Graf von Ugarte stand, an die evangelischen Consistorien in Wien vom 11. September 1806: „Da Seine Majestät

---

[7]) Am 29. April 1785 wurden mittelst Hofdecret ernannt zum Präsidenten desselben (an Stelle des ehemals ernannten Grafen Auersberg, Stadthauptmanns in Wien) Regierungsrath Freiherr von Wöber, zu geistlichen Räthen der Superintendent in Niederösterreich und erster Pfarrer A. C. in Wien J. G. Fock und der zweite Prediger Friedrich Knopf, zu weltlichen Räthen Baron v. Kalisch und Ernst v. Bludowsky, zum Secretär Ernst Konstans v. Karwinsky.

einen wohlüberdachten Vorschlag, ob und wie für die dem geistlichen Stande sich widmenden Glieder beider Confessionen höchstdero Erblande eine theologische Lehranstalt zu errichten wäre, um sodann ihr Studiren im Auslande ganz einstellen zu können, abzufordern geruht haben, so hat das Consistorium hierüber einen ausführlichen, gemeinschaftlichen Vorschlag anher vorzulegen" [8]). Die Consistorien antworteten unter dem 9. October 1806: sie könnten sich in eine Berichterstattung bezüglich der ungarischen und siebenbürgischen Erblande nicht einlassen, als in Rücksicht Ungarns und Siebenbürgens „eigene, von Seiner Majestät sanctionirte Landesgesetze bestehen, durch welche das Recht der evangelischen Studiosi Theologiae sich auf ausländischen Universitäten zu ihrem Berufe zu bilden feierlich anerkannt und gesichert worden" [9]), sondern nur auf die k. k. deutschen und galizischen Erblande. Unter einer theologischen Lehranstalt müsse offenbar

---

[8]) Um dieselbe Zeit (18. Nov. 1806) waren die Superintendenten in Ungarn befragt worden, wie die theologischen Anstalten in Debreczin und Pressburg einzurichten wären, damit die Studirenden von der Nothwendigkeit befreit würden, nach dem Auslande sich zu begeben. Kuzmány, Lehrbuch des österreichischen evang.-prot. Kirchenrechtes. Wien, 1855. S. 366.

[9]) In einem siebenbürgischen Landesgesetze, beschlossen auf dem Landtage in Weissenburg am 25. Januar 1669, wird dieses Recht sehr stark betont: „Auch das Reisen (in fremde Reiche) Studien halber soll nicht nur nicht untersagt sein, sondern von einem derartigen Verbote soll im Vaterland in perpetuum nicht einmal die Rede sein." Daran haben die Gesetzgeber das Anathema gehängt: „Von diesem Beschluss wollen wir, dass er pro perpetuo et irrevocabili decreto gehalten werde, dass wenn Jemand im Laufe welcher Zeiten immer bei der Fürsten, der Stände, der Constitutionen Wechsel die Abschaffung oder Schmälerung dieses Gesetzes nur zur Vorlage brächte, oder als Forderung stellte oder annähme, der soll in der künftigen Welt von Gott verflucht, in dieser Welt aber ohrlos sein." Aus den Compilatae Contsitutiones Regni Transsilvaniae abgedruckt bei G. D. Teutsch, Urkundenbuch der evang. Landeskirche A. C. in Siebenbürgen. Hermannstadt, 1862. I., 144 f.

„eine theologisch-protestantische Facultät, die alle einem Theologen nöthige höhere Studia, als Philologie, Geschichte, Philosophie mitbegriffe," verstanden werden. Das unvorgreifliche Erachten der Consistorien geht nun dahin, dass, da ohne Grundmauer kein Gebäude aufgeführt werden kann, in Ansehung der deutsch-galizischen Erblande vor der Hand am ersten an Zustandebringung des Teschener theologischen Gymnasii und an dessen mögliche Vervollkommnung zu denken sei. Wenn dann in der Folge nach vorhergelegtem guten Gymnasialgrunde eine inländische theologisch-protestantische Facultät für die deutsch-galizischen Erblande errichtet werden sollte, so sei es dringend nothwendig, die sehr überhandgenommene Besorgniss der Protestanten zu heben, als ob nach dem Beispiele der deutschen evangelischen Schulen auch derlei protestantische Gymnasien und Facultäten nach und nach unter die Aufsicht und Leitung des katholischen Clerus gezogen werden könnten, welche Besorgniss nothwendig das Zutrauen auf derlei inländische Anstalten und selbst auf die diessfälligen Bemühungen der Consistorien schwächen müsse. Auf die weitere Anfrage, was denn die Consistorien unter einem „theologischen Gymnasium" verstünden, erwidern diese: es sei ein solches, welches hauptsächlich zur Bildung eines Nachwuchses von Candidaten der Theologie zu ihrer Vorbereitung auf die höheren Universitätsstudien dient und auf das Bedürfniss der protestantischen Kirche berechnet und ganz hiezu eingerichtet ist. Auf einem theologischen Gymnasium muss der Zögling den Grundtext der Heiligen Schrift lesen, exponiren und anwenden, muss Predigten ausarbeiten und declamiren, die Wahrheiten des christlichen Glaubens wider frevelnde Angriffe der Afterphilosophie vertheidigen lernen, so dass er in zwei Jahren auf einer ausländischen Universität die höhern studia theologica, philosophica et philologica absolviren und sich während dieser Zeit zu Pastoraten und Professoraten gehörig ausbilden kann. Austretende Schüler der ersten Classe müssen aber auch in Nothfällen vorbereitet und geschickt sein, bei geringen Landgemeinden, wo eine höhere theologische Erudition minder erforderlich ist, das Pastorat anzutreten und das diessfällige theologische Examen gehörig auszuhalten.

Während diese Verhandlungen gepflogen wurden, hörten die Consistorien mit Befremden, dass der k. k. Hofrath (nachmaliger Domprobst des Wiener erzbischöflichen Domcapitels) v. Dankesreither bei seiner Durchreise durch Teschen am 10. November 1806 dem Superintendenten Bartelmus und den beiden Kirchenvorstehern Friedrich von Kalisch und Erdmann von Klettenhof mittelst des dasigen Kreisamtes die Frage vorgelegt habe: „ob nicht der Teschener protestantischen Lehranstalt die Wendung gegeben werden könnte, dass die protestantischen Kinder an der katholischen Normalschule und an dem katholischen Gymnasium zu Teschen den Unterricht mit Ausnahme der Religionslehre erhielten, anstatt der bisherigen, für die Protestanten bestimmten Lehranstalt aber ein protestantisches Studium für dieselbe eingeleitet und dadurch dem Besuche auswärtiger theologischer Lehranstalten vorgebogen werden könnte." Freiherr von Kalisch machte hierauf einen Kostenüberschlag, wonach zu einer evangelischen Universität, aus einer theologischen und einer philosophischen Facultät bestehend, ein Capital von 360.000 fl. nöthig sein werde. Die Consistorien aber sprachen sich, übereinstimmend mit Herrn von Klettenhof, in einer Eingabe an den Kaiser vom 8. Decbr. 1806 sehr entschieden gegen die Verschmelzung der evangelischen Schule mit dem katholischen Gymnasium in Teschen aus. „Die Idee, protestantische Theologen auf katholischen Gymnasien zu bilden, steht mit sich selbst in Widerspruch und ist, wie jeder Sachkenner einsehen wird, an und für sich unausführbar. Kein Protestant könnte zu solchen (von katholischen Geistlichen gebildeten) Religionslehrern Zutrauen fassen; so etwas wäre der härteste Gewissenszwang und selbst der Gedanke hieran dürfte Ew. Majestät allbekanntem, wohlwollendem Vaterherzen fremd sein." Es würde das besonders der im Alt-Ranstädter Frieden (in dessen drittem Artikel es ausdrücklich heisst: „nec quisquam A. C. in Silesia cogetur, sacris Catholicorum interesse, scholas eorum frequentare, religionem amplecti") den Protestanten in Schlesien zugesicherten Specialreligionsfreiheit widerstreiten, „welchen Ew. Majestät nach der aller österreichischen Monarchen und besonders höchstihrer eigenen heiligen Beobachtung der Staatsverträge unverbrüchlich zu halten gesonnen sind. Die k. k. Consistorien übergehen mehrere andere, sich hierbei darbietende Betrachtungen, aber sie bedauern vorzüglich, dass die obbemeldete Tendenz gerade in einem Zeitpuncte geäussert worden, wo es darauf ankommt, das Zutrauen der Protestanten zu der von Ew. Majestät beabsichtigten inländischen theologischen Lehranstalt zu gewinnen, nicht aber sie durch intendirte Aufhebung ihrer jetzt bestehenden Schule und Vereinigung mit dem katholischen Gymnasium schüchtern, misstrauisch und besorgt zu machen."

Die Teschener evangelische Schule wurde mit Hofdecret vom 9. Nov. 1810 zu einem theologischen Gymnasium, jedoch mit nur vier Classen, umgestaltet [10]), aber

---

[10]) G. Biermann, Geschichte des k. k. evangelischen Gymnasiums in Teschen. Teschen, 1859. S. 35.

die Facultäts-Angelegenheit ruhte noch Jahre lang, bis sie wieder in Anregung gebracht und der k. k. Studien-Hofcommission die Frage vorgelegt wurde: „ob ein theologisches Studium für die Protestanten nicht in Wien hergestellt und mit der Universität in Verbindung gesetzt werden könnte." Die gedachte Behörde scheint jedoch die Sache nicht ausführbar, oder doch ihre Ausführung nicht für räthlich gefunden zu haben, kurz, sie blieb abermals liegen, bis im Jahre 1817 ein Allerhöchstes Handbillet befahl, den Gegenstand in einer gemeinschaftlichen Sitzung der deutschen, ungarischen und siebenbürgischen Studien-Hofcommission in Berathung zu ziehen. Zu einer solchen Sitzung kam es hauptsächlich aus dem Grunde nicht, weil der ungarische Hofkanzler Graf Erdödy schriftlich mehrere Hindernisse andeutete, die der ganzen Sache von Seite der constitutionellen Verhältnisse Ungarns und Siebenbürgens im Wege stünden, späterhin lange Zeit von Wien abwesend war, endlich von seinem Posten ganz abtrat, und weil der österreichische oberste Hofkanzler Graf von Ugarte, an welchen das kaiserliche Handbillet gerichtet war, mit Tode abging. So blieb die Angelegenheit wiederum zwei Jahre lang auf sich beruhen, bis sie 1819 von Neuem aufgenommen wurde, nachdem die ungarische Hofkanzlei aus Rücksicht auf den übel geschilderten Geist der akademischen Jugend in Deutschland das Besuchen auswärtiger Universitäten provisorisch verboten hatte, welches Verbot späterhin vom Kaiser sanctionirt wurde [11]). Da sich hierdurch die Nothwendigkeit ergab, für die theologische Bildung der inländischen Protestanten im Inlande zu

---

[11]) Bereits 1804 wurde der Besuch deutscher Universitäten, mit Ausnahme von Leipzig, Jena und Göttingen, verboten; 1818 auch der Besuch von Jena und Göttingen; 1819 aller Universitäten Deutschlands, wegen der dort herrschenden demagogischen Umtriebe.

sorgen, — die evangelischen Lehraustalten in Ungarn und Siebenbürgen wurden als dazu ausreichend nicht angesehen — so befahl ein an den deutschen obersten Hofkanzler und Minister des Innern Grafen von Saurau gerichtetes kaiserliches Handbillet, dass das mehrmals angeregte, protestantisch-theologische Studium in Wien zu errichten und dem Kaiser ein vorläufiger Plan für dasselbe vorzulegen sei. Der genannte Minister glaubte, wahrscheinlich um die Sache mehr zu beschleunigen, in derselben nicht die k. k. Consistorien A. und H. C., sondern nur die Wiener Superintendenten Johann Wächter und Justus Hausknecht mit Zuziehung des Geheimrathes und Justiz-Vice-Präsidenten Baron v. Gärtner befragen zu sollen, liess sich von denselben theils mündlich, theils (von dem Freiherrn v. Gärtner vidimirte) schriftliche Vorschläge und Auskünfte über einige, die zu errichtende Anstalt betreffende Puncte geben [12]), erstattete einen hierauf basirten Präsidialvortrag und veranlasste durch denselben die Allerhöchste Entschliessung vom 25. September 1819, nach welcher „Se. Majestät anzuordnen geruht haben, dass zu Wien ein vollständiges Studium für die Religionsverwandten A. und H. C. hergestellt werden solle." Die von der Studien-Hofcommission officiell veröffentlichte Nachricht lautet: „Se. Majestät, Höchstderen landesväterliche Sorgfalt sich auf alle Classen Ihrer Unterthanen verbreitet, haben, da die Religionsgenossen A. und H. C. bei dem Mangel einer vollständigen Lehranstalt im Inlande ihre Bildung für das Seelsorgeramt im Auslande zu erreichen suchen mussten, für Ihre sich den Studien widmenden Unterthanen der obgedachten Bekenntnisse, und um die Ueberzeugung zu

---

[12]) Das Wesentliche aus dem von Wächter verfassten Gutachten siehe bei J. G. Wenrich, Johann Wächter. Wien, 1831. S. 118 ff.

erhalten, dass die Volkslehrer dieser Ihrer Unterthanen ihrem Berufe vollständig entsprechen, die Errichtung einer theologischen Lehranstalt für beide erstbenannte Confessionsverwandte in der Haupt- und Residenzstadt anzuordnen geruht. An dieser Lehranstalt, welche alle Zweige des theologischen Studiums umfasst, ist der Curs auf drei Jahre eingetheilt, derselbe wird für den ersten Jahrgang in den ersten Monaten des Jahres 1820 eröffnet, der Tag ihrer Eröffnung aber erst nachträglich bekannt gemacht werden. Um bei dieser Lehranstalt als ordentlicher Hörer aufgenommen zu werden, muss sich bei der Direction derselben von den Candidaten über die Zurücklegung der Gymnasialstudien und eines vollständigen Curses der philosophischen Wissenschaften, sowie über die erlangten wissenschaftlichen Kenntnisse der deutschen und lateinischen Sprache, endlich über die Kenntnisse der ersten Elemente der griechischen und hebräischen Sprache und über untadelhafte Moralität ausgewiesen werden" [13]).

---

[13]) Abgedruckt in der „Sammlung der für die österreichischen Universitäten giltigen Gesetze und Verordnungen. Im Auftrage und mit Benützung der amtlichen Quellen des k. k. Ministeriums für Cultus und Unterricht redigirt von Dr. Georg Thaa. Wien, 1871. S. 288.

Die protestantisch-theologische Lehranstalt.

So war der eigentliche Gründungsact, durch welchen „sich Kaiser Franz um die akatholische Kirche ewig verherrlichet hat" [14]), vollzogen, aber der Schritt von der Gründung bis zur Eröffnung war noch mit mancherlei Schwierigkeiten verknüpft, um deren glückliche Beseitigung sich aller Anerkennung werthe Verdienste als Referent in den k. k. Consistorien Mittelsrath Jacob Glatz [15]) erwarb

---

[14]) Josef Helfert, Die Rechte und Verfassung der Akatholiken in Oesterreich. Wien, 1827. S. 75.

[15]) Jacob Glatz, aus Poprad in Oberungarn, wurde aus dem Lehrercollegium der Salzmann'schen Erziehungsanstalt zu Schnepfenthal (vgl. J. W. Ausfeld, Chr. G. Salzmann. 3. Ausgabe. Stuttgart, 1845, S. 111) 1803 als Lehrer an die evangelische Schule in Wien berufen, wirkte späterhin daselbst als Prediger und Consistorialrath und starb in Pressburg 1831. Er ist durch eine Reihe pädagogischer und ascetischer Schriften, besonders durch sein in sechs Auflagen verbreitetes „Andachtsbuch für gebildete Familien" bekannt und wegen derselben von der theologischen Facultät in Göttingen am 25. Juni 1830 zum Ehrendoctor ernannt worden. J. G. Wenrich, Jacob Glatz, eine biographische Skizze. Wien, 1834. A. L. Haan, Jena Hungarica s. Memoria Hungarorum a tribus proxime saeculis Academiae Jenensi ad scriptorum. Gyulae, 1858. S. 112 f. — Zur Berichtigung der mancherlei irrigen Ansichten und Gerüchte über das zu errichtende protestantisch-theologische Studium (man vgl. z. B. den Artikel: „Ueber die neue theologische Lehranstalt in Wien" in der Oppositionsschrift von W. Schröter und F. A. Klein. B. IV. S. 510 ff.) verfasste er eine actenmässige Nachricht über die Entstehung, Regulirung und gegenwärtige Verfassung des gedachten

welchem die theologische Lehranstalt im eigentlichen Sinne des Wortes eine Angelegenheit des Herzens war.

Ein Decret der Studien-Hofcommission vom 3. Oct. 1819 [16]) theilte die näheren Bestimmungen mit, unter denen die neue Lehranstalt in's Leben treten sollte. Die unmittelbare Leitung wird (wie bei den andern Facultäten und Lehranstalten im damaligen Oesterreich) einem Studien-Director, die weitere Aufsicht über das Ganze dem Consistorium beider Bekenntnisse anvertraut. Die Lehrkanzeln sind mit bekannten inländischen vorzüglichen Theologen zu besetzen. Sieben Professoren sollen angestellt werden: zwei, der Eine der augsburgischen, der Andere der helvetischen Confession angehörig, für die Exegese, welche zugleich den philosophischen Curs (d. h. griechische und hebräische Sprache) zu übernehmen und die Einleitung in die Schriften Alten und Neuen Testamentes vorzutragen haben (jeder täglich 3 Stunden Vorlesung und 1200 fl. Gehalt); einer für die Dogmatik A. C. und einer für Dogmatik H. C. (je 2 Stunden und 900 fl.); einer für die theologische Moral (1 Stunde und 600 fl.); einer für die Kirchengeschichte und Kirchenrecht (2 Stunden und 900 fl.); einer für Pastoraltheologie mit Inbegriff der Homiletik (1 Stunde und 600 fl.). Die Anleitung zum mündlichen und schriftlichen Vortrag wird den Professoren nach Massgabe ihrer Kenntniss der Landessprachen übertragen (gegen

---

Studiums, deren Veröffentlichung durch den Druck jedoch von der niederösterreichischen Landesregierung beanstandet wurde, weil „die landesväterliche Absicht Sr. Majestät bei Gründung der Anstalt so klar am Tage liegt, dass sie keiner doppelten Deutung fähig ist." Das Manuscript hat sich in den Consistorialacten nicht vorgefunden. Wenrich fand es in Glatz' handschriftlichem Nachlass. Mir ist es unbekannt geblieben.

[16]) Abgedr. bei Kuzmány, Urkundenbuch zum österreichischen Kirchenrecht. Wien, 1856, S. 371 ff.

eine Zulage von 300 fl.), welche hierzu vorzüglich geschickt und minder beschäftigt sind. Die Vorlesungen müssen von den Studirenden während des dreijährigen Curses in bestimmt vorgeschriebener Ordnung gehört werden. Die allgemein vorgeschriebenen Semestral-Prüfungen sollen auch an der evangelisch-theologischen Lehranstalt stattfinden. Nachdem dieses Alles kundgethan war, hielten die beiden Consistorien am 11. October im Rathssaale der k. k. niederösterreichischen Landesregierung eine vierstündige Sitzung, in welcher die höchstwichtige Angelegenheit berathen wurde. Sämmtliche Räthe, wenn schon in einigen weniger wichtigen Puncten verschiedener Meinung, stimmten darin überein, dass das theologische Studium besonders aus dem Grunde, dass die Professorengehalte so gering bemessen und dass die Studirenden mit keinen Stipendien oder Freitischen bedacht seien, unmöglich aufkommen und gedeihen könne, und dass es heilige Pflicht für die Consistorien sei, höchsten Ortes darauf, sowie auf manches Andere, bescheiden aber offen aufmerksam zu machen. Missdeutungen dieses Schrittes seien kaum zu besorgen, da die Consistorien durch einen sehr starken Schild gedeckt und beschirmt seien, durch das Bewusstsein, in einer Angelegenheit, wo es sich nicht nur um bedeutende Summen, die leicht unnütz zersplittert werden können, sondern auch um den Ruhm des erhabensten Gründers und ihre eigene Ehre und Gewissensruhe, sowie um das höhere Wohl von vierthalb Millionen Seelen für diese und für die künftigen Zeiten handelt, ihre Pflicht treu und redlich erfüllt zu haben. Auf Grund dieser Sitzung verfassten die Consistorien einen Bericht an die k. k. Studien-Hofcommission (19. October 1819), worin sie vor Allem gerührt ihren Dank aussprachen für die huldvollen, väterlichen Gesinnungen, die Seine Majestät auch gegen Allerhöchstihre protestantischen Unterthanen durch die obbelobte Allerhöchste Entschliessung vom 25. September an den Tag gelegt haben, sodann aber als Hauptbedingungen, an welche das Emporkommen und das Gedeihen der neuen theologischen Lehranstalt geknüpft ist, aufführen: dass man nicht gezwungen sei, sich bei der Wahl der Professoren auf das Inland zu beschränken, sondern dass man auch auf vorzügliche, zuverlässige, ausländische Gelehrte Rücksicht nehmen dürfe; dass die an derselben anzustellenden Professoren auf einen Gehalt gesetzt werden, welcher der Wichtigkeit, Würde und Beschwerlichkeit ihres Amtes und ihren öconomischen Bedürfnissen angemessen sei, also wie in der philosophischen Facultät auf die Mittelsumme von je 1800 fl. Metallmünze; dass die Subsistenz der Studirenden durch Stipendien und Freitische soviel als möglich erleichtert werde; dass diese Anstalt, ihre Professoren und die Studirenden mit thunlichster Berücksichtigung der bei den Protestanten in Hinsicht der Studien bestehenden Observanzen und Gewohnheiten und im Geiste der evangelischen Kirche mit jener Liberalität behandelt würden, an die sie schon an den meisten ihrer Gymnasien gewöhnt sind. Diese Liberalität betrifft vorzüglich die Wahl oder noch besser die Verpflichtung auf die Vorlesebücher, die dem evangelischen Kirchen- und Studienwesen eigenthümliche und festgewurzelte Lehrfreiheit, die übrigens allerdings durch Vorsicht und Lehrweisheit in den gebörigen Schranken gehalten werden muss, endlich die an katholischen Hochschulen üblichen, auf protestantischen Universitäten aber ganz ungewöhnlichen Semestralprüfungen, deren Mangel, wie eine dreihundertjährige Erfahrung gelehrt hat, hinsichtlich des Fleisses der Akademiker keineswegs nachtheilig ist, die übrigens bei dem hiesigen theologischen Studio in Form von Colloquien stattfinden könnten. Ein zweiter Bericht (12. Nov. 1819) behandelt die doppelte Professio der Exegese nach Massgabe der Verschiedenheit der Confessionen. Die Consistorien verkennen die wohlwollende Absicht nicht, die Seine Majestät dabei leitete. Seine Majestät wollte dadurch jeder möglichen Beirrung der Gemüther vorbeugen. Allein eine solche Beirrung sei nicht zu besorgen. Die Interpretation der heiligen Schriften geschieht bei den Bekennern der A. C. nach eben den hermeneutischen Grundsätzen, wie bei den Bekennern der H. C., und da der Exeget bei den Stellen der Bibel, durch welche die beiden evangelischen Confessionen die wenigen unter ihnen stattfindenden abweichenden Lehrmeinungen zu begründen pflegen, nichts weiter zu thun hat, als den grammatischen Sinn der gedachten Bibelstellen darzulegen und die verschiedenen Erklärungsarten derselben aufzuzählen, die gelehrte Begründung der darauf beruhenden eigenthümlichen Dogmen der einen und der andern Confession aber dem betreffenden Professor der Dogmatik zu überlassen, so können die Studirenden beider Bekenntnisse ohne Bedenken den exegetischen Vorlesungen auch eines Lehrers von einer andern der zwei evangelischen Confessionen beiwohnen. Sie beantragen daher, bei der Schwierigkeit, Männer, die im Griechischen und Hebräischen gleich gut bewandert sind, ausfindig zu machen, dass statt zweier Professoren der Exegese nach Massgabe der Confessionen zwei Professoren, der eine für das A. T. und die hebräische Literatur, der andere für das N. T. und die griechische Literatur, mit gleichen Gehalten angestellt werden mögen. Ferner dass, da der Professor der Moral mit nicht mehr als einer Stunde bedacht werden kann und dieses Fach sich füglich mit dem Fache der Pastoral-Wissenschaften vereinigen liesse, die Professuren der Moral und der

Pastoralwissenschaft vereinigt werden, und der für beide Wissenschaften anzustellende Professor, da er auf diese Weise in Ansehung der Arbeiten mit den andern gleich betheilt wäre, auch mit denselben in Ansehung des Gehaltes gleich gestellt werden möchte. Diese pflichttreuen Vorstellungen der Consistorien waren in mehrfacher Hinsicht von erfreulicher Wirkung. Zwei Erlässe der Studien-Hofcommission (13. und 16. Jänner 1820) melden in Folge kaiserlicher Entschliessungen: „Die Kanzeln der Moral- und Pastoralwissenschaft sind einem Professor zu übergeben. Die Gehalte der durch diese Vereinigung sich ergebenden Anzahl von sechs Professoren werden für zwei auf 1500 fl., für zwei auf 1800 und für zwei auf 2000 fl. gesetzt und haben die Professoren in diese Gehalte nach dem Senium vorzurücken. Für die Exegese einer jeden Confession hat jedoch ein eigener Professor zu bestehen und es sei Sr. Majestät Wille, dass jeder dieser Professoren die Exegese des A. und N. Testamentes übernehme. Die Professuren sind wie bei den übrigen Facultäts-Studien mittelst allgemeiner Concurse zu besetzen [17]). Ausländer sind nur dann zu Professorsstellen in Antrag zu bringen, wenn man im Inlande keine Männer findet, welchen in scientifischer und moralischer Hinsicht das volle Zutrauen geschenkt werden kann. Ueber die Errichtung von Freitischen, Stipendien oder eines Alumneum soll erst beim factischen Bestande

---

[17]) Die Besetzung einer Lehrkanzel ohne Concurs konnte nur ausnahmsweise stattfinden, wenn laut Studien-Hofcommissions-Decretes vom 30. November 1810 berühmte Männer, die sich bereits durch Schriften, welche das erledigte Fach betreffen, ausgezeichnet haben und die Gabe einer guten mündlichen Mittheilung besitzen, um ein erledigtes Professorat ansuchen und von der Concursprüfung durch eine früher gestellte Bitte befreit zu werden wünschen. Eine detaillirte Vorschrift über das bei Abhaltung von Concursprüfungen einzuschlagende Verfahren erschien am 9. April 1825, noch weitere Vorschriften über Concurse, Concursprüfungen und concursartige Prüfungen am 14. November 1837.

des Studiums verhandelt werden. Semestralprüfungen, wie sie allgemein vorgeschrieben sind, haben auch an dieser Lehranstalt stattzufinden."

Eine andere zu erörternde Frage betraf die Unterrichts-Sprache. Der sehr eingehende Bericht der Consistorien (20. Juni 1820) war darin zwiespältig. Die Räthe A. C. (Glatz, Wächter, Krauseneck) traten für die deutsche Unterrichts-Sprache ein, weil es hauptsächlich die deutsche Literatur sei, aus welcher unsere Theologen ihre Kenntnisse und ihre Gelehrsamkeit schöpfen müssen, weil selbst in den Provinzen der österreichischen Monarchie, in welchen andere Landessprachen herrschend sind, die deutsche doch das Hauptvehikel aller Cultur, mithin die Verbreitung derselben überall höchst wünschenswerth sei, und weil nur bei deutscher Vortragssprache das zu errichtende theologische Studium als Ersatz für deutsche Universitäten gelten könne. Ausnahmsweise könnte für Dogmatik und Exegese das Latein gestattet werden. Dagegen beantragten die Räthe H. C. (Hausknecht und Stephan Szüts v. Tasnád) die lateinische Sprache auch noch für den Vortrag der Kirchengeschichte, weil sie die Professur der Kirchengeschichte gern reformirten Theologen (damals dem Professor der lateinischen und griechischen Literatur und der allgemeinen Weltgeschichte, sowie Praefectus Bibliothecae am reformirten Collegio zu Debreczin, Joseph Peczely) zugänglich gemacht hätten, die jedoch, soweit es sich um Inländer handelte, des Deutschen meist nicht hinreichend kundig waren. An höchster Stelle wurde entschieden, dass die Lehrfächer, welche für die Zöglinge beider Confessionen gemeinschaftlich bestimmt sind, stets in deutscher Sprache, dagegen dass die Exegese und Dogmatik H. C. lateinisch vorzutragen seien.

Die damalige durch das Institut der Censur geforderte

österreichische Sitte, wissenschaftliche Vorträge nach behördlich bestimmten „Vorlesebüchern" zu halten, eine Sitte, welche mit A. h. Entschliessung vom 28. März 1837 zur förmlichen Verpflichtung wurde [18]), ging auch auf die theologische Lehranstalt über. Die Consistorien schlugen in verschiedenen Berichten folgende Compendien, als den Bedürfnissen der gedachten Lehranstalt am meisten entsprechend, vor: Für die Vorlesungen über die hebräische Sprache die Grammatik von Gesenius; über die griechische Sprache die Sprachlehren von Buttmann, Matthiae, Thiersch (später die von Winer); über Einleitung in das A. T. Augusti's Grundriss einer historisch-kritischen Einleitung in's A. T. (Lpz. 1806); über Einleitung in das N. T. Hänlein's Lehrbuch der Einleitung in die Schriften des N. T. (Erl. 1802). Bei der Exegese der heiligen Schriften lasse sich zwar kein eigentliches Lehrbuch festsetzen, wovon der Grund in der Natur der Sache und in der der evangelischen Kirche eigenthümlichen und gleichsam ihre Basis bildenden freien Schriftforschung liege, jedoch könnten die Professoren dieses Faches bei ihren Vorträgen besonders das in Leipzig (1788—1809) erschienene exegetische Handbuch des A. und N. Testamentes und die Rosenmüller'schen Scholien berücksichtigen. Für die Kirchengeschichte ward in Vorschlag gebracht das lateinisch geschriebene Compendium (historia religionis et ecclesiae christianae adumbrata in usum lectionum. Berlin 1777 u. ö.) von Schröckh;

---

[18]) „Die Professoren sind verpflichtet, sich in ihren Vorträgen an das allgemein vorgeschriebene oder genehmigte Lehrbuch zu halten. Willkürliche Abweichungen von den Grundsätzen und von der Ordnung des vorgeschriebenen Lehrbuches sind nicht gestattet. Die Studien-Directoren, und an der Wiener Universität auch die Studien-Vicedirectoren, sind verpflichtet, diese Vorschrift genau zu handhaben und sich von deren Befolgung durch öfteren unvermutheten Besuch der Vorlesungen und durch fleissige Beiwohnung bei den Semestral- und Annual-Prüfungen die Ueberzeugung zu verschaffen."

für die theologische Encyklopädie der Grundriss (Göttingen 1813) von Planck; für das Kirchenrecht der Grundriss des protestantischen Kirchenrechtes (Gött. 1786) von G. W. Böhmer; für die Theorie der Kanzelberedtsamkeit der kurze Entwurf dieser Theorie (Lpz. 1807 u. ö.) von H. A. Schott; für die Moral-Theologie die „Grundsätze der Moral zu akademischen Vorlesungen" (Gött. 1800) von Stäudlin; für Homiletik, Pastoral-Wissenschaft und Liturgik das gleichnamige Buch (Halle 1790 u. ö.) von A. H. Niemeyer; für die Literärgeschichte der Theologie Nösselt's Anweisung zur Kenntniss der besten allgemeinen Bücher in allen Theilen der Theologie (Lpz. 1779 u. ö.). Alle diese Bücher erhielten die provisorische Genehmigung der höchsten Behörde. Dagegen machten die Lehrbücher zur Dogmengeschichte und Dogmatik Schwierigkeiten. Das für jene vorgeschlagene Lehrbuch Augusti's (Lpz. 1805 u. ö.) wurde abgewiesen als „wegen mehrerer darin enthaltenen anstössigen Stellen und bei seiner rationalistischen Tendenz, ungeachtet seines sonst wissenschaftlichen Werthes, mit der Censurformel: erga schedam [19]) beschränkt, sohin dem allgemeinen Verkaufe entzogen," und an seiner Stelle das Lehrbuch der christlichen Dogmengeschichte (Marburg 1811 u. ö.) von W. Münscher eingeführt. Für die Dogmatik A. C. war zuerst Ammon's Summa theologiae christianae (Edit. III. Lips. 1816) genannt worden. Sie wurde zurückgewiesen, „da dieses Werk sowohl in der frühern als in der gegenwärtigen Auflage von der Censur mit erga schedam beschränkt worden ist." Hierauf wurde Schott's Epitome theologiae christianae dogmaticae in usum scholarum academicarum adornata (Lips. 1811) als „durch seine Gründlichkeit

---

[19]) Die Censurclausel „erga schedam" wollte sagen, dass das damit bezeichnete Buch nur gegen Erlaubnissschein buchhändlerisch bezogen werden dürfe.

und durch die Unverfänglichkeit der in demselben aufgestellten Grundsätze ausgezeichnet" in Vorschlag gebracht. Auch dieses Lehrbuch wurde beanstandet, weil der Verfasser nicht ganz frei von Fehlern des Schwankens und antisymbolischen Räsonnirens sei, das kirchliche Dogma von der Erbsünde gewissermassen aufhebe, dieses Dogma als blosse Privatansicht des heiligen Augustin darstelle, sich etwas zweideutig über die Ewigkeit der Höllenstrafen erkläre, ohne jedoch dieselbe geradezu zu leugnen, endlich die Satansidee zum Theile aus der persischen Religion ableite. Die Consistorien erklärten hierauf, wie schwer es sei, gerade für die Dogmatik ein passendes Lehrbuch zu finden: ältere Bücher liessen die neuern Untersuchungen vermissen oder polemisirten zu viel, viele neuere seien nicht zu gebrauchen, weil sie sich theils zur rationalistischen, theils zur mystischen Ansicht hinneigten; sie müssten daher bei Schott's Lehrbuch verharren, das inzwischen (1822) in zweiter Auflage erschienen sei und diese zeichne sich vor der ersten dadurch aus, dass der Verfasser sich wo möglich noch genauer an die Vorstellungsart der symbolischen Bücher anschliesse, ihm daher noch weniger irgend eine Art des Schwankens und antisymbolischen Räsonnirens zur Last gelegt werden könne, und dass insbesondere die beanstandeten Stellen so ausgedrückt seien, dass in denselben noch weniger als in der älteren Auflage eine antisymbolische Tendenz bemerkbar sei. Ueberhaupt sei eine weniger rigoröse Censurirung der für die protestantisch-theologische Lehranstalt erforderlichen Vorlesebücher zu wünschen, und es sei nothwendig, dass auf die Beurtheilung, Wahl und Bestimmung derselben nicht andere als protestantische Theologen und geistliche Beamte Einfluss nähmen, vor welch' einem Einflusse die hierländischen Protestanten bisher durch die Gerechtigkeit Sr. Majestät selbst da huldreichst bewahrt worden sind, wo es sich nicht sowohl um Glaubenssachen, als vielmehr um Gegenstände der äussern Administration ihres Kirchen- und Schulwesens handelte. Auf diese Vorstellung hin wurde Schott's Epitome (14. Mai 1824) mit der Clausel genehmigt: „bis nicht ein zweckmässigeres Lehrbuch erschienen sein wird." In späterer Zeit wurde ausserdem Archäologie und Hermeneutik nach Georg Lorenz Bauer's kurz gefasstem Lehrbuch der hebräischen Alterthümer des A. und N. T. (Lpz. 1797 u. ö.) und hermeneutica sacra (Lips. 1797), Symbolik nach J. A. H. Tittmann's institutio symbolica ad sententiam ecclesiae evangelicae (Lips. 1811) und Marheinecke's institutiones symbolicae (Berlin 1812 u. ö.), Katechetik nach Dinter's Anweisung zum Gebrauch der Bibel in Volksschulen (Neustadt 1822) gelesen.

Gleich von vornherein hatten die Consistorien das Beneficien-Wesen einer besonderen Berücksichtigung empfohlen. Eine A. h. Entschliessung vom 29. November 1823 bewilligte 30 Handstipendien aus dem Staatsschatze, und zwar 8 zu 50 fl., 10 zu 80 fl. und 12 zu 100 fl. Zur Erlangung eines Stipendiums waren „der gesetzlich hergestellte Beweis der Dürftigkeit, der Beweis, dass der Bittsteller entweder die natürliche Pockenkrankheit überstanden, oder sich der Einimpfung unterzogen habe, endlich die Zeugnisse über den guten Fortgang in den Studien im vorausgegangenen Studienjahre" erforderlich. Nachmals wurden (mit A. h. Entschliessung vom 15. October 1862) diese 30 Stipendien auf 15 Handstipendien reducirt und hievon 7 auf 200 fl. erhöht, dagegen 8 auf 100 fl. festgestellt; ferner wurden für bedürftige Studirende 20 Freitische mit dem Kostenaufwande von je 85 fl. des Jahres aus Staatsmitteln errichtet. Der Genuss eines Freitisches ist der Zuerkennung eines Stipendiums nicht hinderlich.

Endlich mussten die Dienstinstructionen für den

Studiendirector und die Professoren festgestellt werden. Sie wurden nach Vorschlag der Consistorien am 14. Nov. 1820 genehmigt, die des Directors späterhin unwesentlich modificirt. Dem Director liegt ob, das innere und äussere Wohl der Lehranstalt durch Rath und That eifrigst zu befördern. Er hat die specielle Aufsicht über die Professoren, dass dieselben treu und pünktlich ihre Pflicht erfüllen, die Grenzen einer vernünftigen Lehrfreiheit nicht überschreiten, sondern mit unbefangener gründlicher Forschung im Geist und nach den Grundsätzen der evangelischen Kirche die nöthige Lehrweisheit verbinden. „Da übrigens akademische Lehrer, als Männer von einer höheren wissenschaftlichen Bildung und einem bedeutenden Einflusse auf die Cultur, gerechte Ansprüche auf eine achtungsvolle Behandlung haben und Se. Majestät bei mehreren Gelegenheiten erklärt haben, dass Höchstdieselben das Ansehen und den zum Theil darauf beruhenden Einfluss der gedachten Lehrer aufrecht erhalten sehen wollen, so hat der jedesmalige Director sich dies fortwährend gegenwärtig zu halten." Bei den Studirenden soll die Sorge des Directors darauf gerichtet sein, dass sie die Vorlesungen in der vorgeschriebenen Ordnung fleissig besuchen, die bestehenden Gesetze pünktlich befolgen, jenen moralischen und religiösen Sinn an den Tag legen, der jungen Männern geziemet. Sodann steht unter seiner speciellen Aufsicht das Dienstpersonal, das Locale und die Requisiten der Anstalt; er hat die Zeugnisse der neu angekommenen Studirenden zu prüfen, hat zu Ende März und August in jedem Jahre die Tage der vorgeschriebenen Prüfung zu bestimmen und jährliche Berichte über den Zustand der Anstalt zu erstatten. Mit dem Directorat war eine Gehaltszulage von 600 fl. verbunden.

Die Professoren haben sorgfältig, eifrig und gewissenhaft ihre Pflicht zu erfüllen, ihre Zuhörer auf die gehörige Stufe wissenschaftlicher Cultur zu erheben, vorzüglich auf den moralisch-religiösen Charakter derselben wohlthätig einzuwirken, bei Abhaltung der Vorlesungen Gründlichkeit mit Fasslichkeit, Tiefe mit Anschaulichkeit möglichst zu verbinden, sich der vorgeschriebenen Vorlesebücher zu bedienen, Alles zu vermeiden, was den Geist ihrer Zuhörer auf Abwege führen und ihr Gemüth beirren könnte; sie werden bemüht sein, ihre Zuhörer von den göttlichen Wahrheiten der christlichen Religion zu überzeugen, und mit hoher Ehrfurcht gegen den erhabenen Stifter derselben und seine heilige Lehre zu erfüllen, sie werden ihnen eine humane und würdevolle, aber auch, wenn es nöthig sein sollte, streng-ernste Behandlung zu Theil werden lassen. Glauben sich die Professoren durch die Verfügungen und das Benehmen des Directors an ihrer Ehre und in ihren Rechten gekränkt, so steht ihnen der Recurs an die k. k. Consistorien und von diesen an die betreffenden höheren und höchsten weltlichen Behörden vollkommen frei. Nachgehends wurden die Professoren auch verpflichtet, Berichte über die von ihnen in jedem Studienjahre abgehaltenen Vorlesungen zu erstatten, und zwar sollen diese Berichte (laut Decret der Studien-Hofcommission vom 23. November 1837) so eingerichtet sein, dass daraus ersichtlich werde, nicht nur was, sondern auch wie und in welchem Geiste gelehrt wird.

Das Directorat war bereits am 25. December 1819 besetzt worden durch den Wiener Superintendenten und Consistorialrath A. C. Johann Wächter, einen von Protestanten und Katholiken seiner Zeit hochgehaltenen Mann, welcher nach dem Zeugnisse seines Biographen das in ihn gesetzte Vertrauen durch eifrigste Verwendung für die Realisirung des seiner unmittelbaren Leitung anvertrauten literärischen Institutes vollkommen rechtfertigte [20]). Nach Wächter († 26. April 1827) hatte die Lehranstalt nur noch zwei Directoren: Justus Christoph Georg Hausknecht, Consistorialrath und Wiener Superintendent H. C., welcher das Directorat provisorisch vom 9. April 1827 bis zu seinem Tode am 27. September 1834 verwaltete [21]), und Ernst Pauer, Consistorialrath und zweiter Prediger (nachmals erster Prediger und Superintendent) der Wiener Gemeinde A. C. vom 17. Dec. 1836 bis 23. November 1850 (gestorben 13. Februar 1861) [22]). Dieser letzte Director hat sich durch Aussetzung von Prämien für tüchtige wissenschaftliche Arbeiten um die Studirenden verdient gemacht, und von grosser Gewissenhaftigkeit und Sachkenntniss zeugende Gutachten (namentlich wenn es die Anstellung neuer Professoren galt) verfasst, welche als Substrat dienten für die mit Wärme, Hingebung und Unparteilichkeit concipirten Berichte des vieljährigen Fachreferenten in den k. k. Consistorien, D. Gottfried Franz, jetzigen Ober-Kirchenrathes, Superintendenten und ersten Pfarrers der Wiener Gemeinde H. C.

Zur Besetzung der Lehrfächer des ersten Studienjahres war am 12. März 1820 der Concurs ausgeschrieben worden in der Art, dass die Concurrenten ihre Gesuche durch zureichende Belege für ihre Tüchtigkeit zu motiviren hätten. Am 20. Juni 1820 erstatteten die Consistorien auf

---

[20]) J. G. Wenrich: J. Wächter als Mensch, als Diener des Staates und der Kirche. Wien, 1831.

[21]) F. Schauer: Lebensgeschichte des Hrn. J. Chr. G. Hausknecht. Wien, 1834. Der Verfasser rühmt von Hausknecht, dass er dem Directorate mit vieler Umsicht, ausserordentlicher Geschicklichkeit, immer regem Eifer, strenger Gewissenhaftigkeit und unverbrüchlicher Treue vorgestanden habe.

[22]) C. Neuss: Chronik der Wiener evangelischen Gemeinde Augsb. Bekenntnisses. Wien, 1864.

Grund der eingegangenen Concursgesuche ihren Besetzungs-Vorschlag, nachdem eine mehrfältige Correspondenz nach den entferntesten Gegenden der Monarchie gepflogen worden. Als die Denomination sich verzögerte, sahen die Consistorien sich veranlasst, am 10. December 1820 die Studien-Hofcommission zu bitten, sich bei Sr. Majestät für die baldige Ernennung der im ersten Cursjahre nothwendigen Professoren zu verwenden. Sie unterstützten ihre Bitte mit folgenden Gründen: die theologische Bildung der Protestanten des österreichischen Kaiserstaates sei nun zwei Jahre unterbrochen, wovon die Nachtheile nach mehreren Seiten fühlbar würden; eine Anzahl Studirender harre mit Schmerzen und mit einem ihre Geldkräfte erschöpfenden Kostenaufwand in der theuern Hauptstadt auf die Eröffnung der Anstalt; es sei zu besorgen, dass der Eine oder der Andere der zu Professoren Vorgeschlagenen, durch die so lange dauernde Ungewissheit seiner Lage bewogen, von einer Anstellung an dem theologischen Studio ganz abstrahiren werde. Auf diese Vorstellung hin erfolgte mit Allerh. Entschliessung vom 14. Jänner 1821 die Besetzung der Professuren der Kirchengeschichte und des Kirchenrechtes, sowie der Exegese A. C. Die Lehrkanzel der zwei erstgenannten Wissenschaften erhielt Johann Genersich, welcher, geb. 1761 zu Kesmark, unter Griesbach, Döderlein, Eichhorn in Jena studirt hatte, und damals Professor der historischen und philosophischen Wissenschaften am Lyceum A. C. zu Kesmark war. Die Consistorialacten bezeichnen ihn als einen der verdienstvollsten Schulmänner des Inlands, gleich achtungswerth in Hinsicht seiner ausgebreiteten Kenntnisse, sowie seines moralischen Charakters, und als einen fruchtbaren, gemeinnützigen pädagogischen, homiletischen und historischen Schriftsteller, dem auch Se. Majestät wegen seiner Geschichte von Oesterreich [23]) eine A. h. Belobung zuzuerkennen geruht haben. Zum Professor der Exegese A. C. wurde **Johann Georg Wenrich** ernannt. Geboren 1787 zu Schässburg in Siebenbürgen, besuchte er zuerst das Lyceum in Hermannstadt und trieb dann zwei Jahre lang orientalische Studien unter Ackermann und Aryda in Wien. Bei seiner Berufung war er Rector des evangelischen Gymnasiums A. C. in Hermannstadt. Schriftstellerisch hat er sich bekannt gemacht ausser durch zwei schon erwähnte Biographien (Anmerkung 15 und 20) und mehrere noch zu nennende Programme durch die gelehrten orientalistischen Werke: „Rerum ab Arabibus in Italia insulisque adiacentibus Sicilia maxime, Sardinia atque Corsica gestarum commentarii" (Lips. 1845) und „De auctorum Graecorum versionibus et commentariis Syriacis, Arabicis, Armeniacis Persicisque commentatio" (Lips. 1842). Letzteres Buch ist die 1833 preisgekrönte Lösung einer von der Göttinger gelehrten Gesellschaft 1830 gestellten Preisfrage [24]). Einer zweiten Arbeit Wenrich's über die im „Journal des Savans" (Augustheft 1832) gestellte Preisaufgabe: „L'académie royale des inscriptions et belles lettres propose pour sujet d'un prix qu'elle adjugera dans la séance publique du mois de Juillet 1834 de comparer

---

[23]) Geschichte der österreichischen Monarchie. 8 Bände. Wien 1815—17. Andere Schriften von ihm sind: Beiträge zur Schulpädagogik. Wien, 1792. Trajan, ein biographisches Gemälde. 2 Bändch., Wien, 1811. Reden über wichtige Gegenstände der Religion. Pest, 1817. Eusebios, für Freunde der Religion. 2 Bde. Leipzig, 1824, u. a. m.

[24]) Sie lautete: „Quum nostra aetate insigniter aucto literarum orientalium studio et in dies patescentibus novis thesauris orientis literariis haud parum intersit nosse, quid occidenti debeat oriens, optat Societas regia, ut colligantur notitiae de versionibus auctorum Graecorum Syriacis, Arabicis, Armeniacis, Persicis, quarum versionum historia accurata adhuc caremus. Doceatur igitur, quinam libri, in quam linguam, a quibusnam et quo tempore e Graeco translati sint. Porro an restent et ubinam harum versionum exempla manuscripta. Editiones denique, quae exstant, accurate recenseantur."

la poésie des anciens Hebreux avec celle des Arabes et de faire connaître en quoi elles se ressemblent ou elles diffèrent, soit par rapport aux figures du langage et aux moyens artificiels quelles emploient, soit par rapport aux divers genres de poëmes usités chez les deux nations," ward 1834 von der k. Akademie der Wissenschaften in Paris der Preis zuerkannt. Sie erschien im Druck unter dem Titel: „De poeseos Hebraicae atque Arabicae origine, indole mutuoque consensu atque discrimine commentatio" (Lips. 1843). Der theologische Standpunkt Wenrich's lässt sich einigermassen aus seinem Urtheil über Glatzen's Schriften abstrahiren, an denen er vernünftige Auffassung der religiösen und sittlichen Ideen des Christenthums rühmt. „Da findet sich nichts von dem sinnlosen und ekelhaften Geschwätze der Mystiker, nichts von dem himmlischen Bräutigame, von der Süssigkeit der Liebesküsse Jesu, von der Wollust der Vereinigung einer gläubigen Seele mit Gott. Ebenso wenig hört man da das Jammern und Wehklagen der Frömmler über die heillose Verdorbenheit der menschlichen Natur, über ihre gänzliche Unfähigkeit, durch eigene Kraft zum Guten anzustreben, über die zeitliche und ewige Verdammniss aller derer, die nicht durch Christi Blut von Sünden reingewaschen werden."

Mit diesen beiden Professoren wurde am 2. April 1821 die protestantisch-theologische Lehranstalt feierlich eröffnet, indem der Director Wächter in Gegenwart der Räthe beider Consistorien, hoher Staatsbeamter und anderer Honoratioren eine Rede hielt: „über die Wichtigkeit der die Bildung der Volkslehrer bezweckenden Anstalten in Beziehung auf den Staat und die bürgerliche Gesellschaft" [25]).

---

[25]) Wächter: Rede bei der ersten Eröffnung der öffentlichen Vorlesungen an der k. k. protestantisch-theologischen Lehranstalt in Wien am 2 April 1821. Wien, 1821.

Aus „dankbarer Freude über die von Sr. Majestät errichtete protestantisch-theologische Lehranstalt" überliess derselben die Wiener evangelische Gemeinde H. C. den beträchtlicheren Theil der ihr vererbten Hilchenbach'schen Bibliothek zur freien Benützung [26]).
Die nächste Sorge der Consistorien war die Besetzung der übrigen Lehrfächer. Für die Professuren der Dogmatik A. und H. C. wurde der Concurs bereits im Februar 1821, für die der Moral und Pastoral-Theologie am 2. Jänner 1822 ausgeschrieben. Die Consistorien erstatteten ihre Besetzungsvorschläge, aber die Besetzung selbst verzögerte sich. Die beiden bereits angestellten Professoren, welche täglich vier Stunden lesen mussten, klagten über Ueberbürdung, die Consistorien urgirten zweimal (6. Mai und 12. August 1822) die Besetzung mit allem Ernste. „Die Lehranstalt muss sich unausweichlich nach und nach auflösen und alles Zutrauen verlieren, wenn es sich mit Anstellung der nöthigen Professoren noch in die Länge ziehen sollte." Nun erfolgte am 4. October 1822 die Ernennung des **Daniel Kanka** zum Professor der Dogmatik A. C., am 21. November 1822 des **Johann von Patay** zum Professor der Exegese H. C., am 23. Februar 1824 des **Paul Laitner** zum Professor der Moral und Pastoral-Theologie. Von der Besetzung der Dogmatik H. C. wurde bei der geringen Anzahl reformirter Studenten vorläufig abgesehen. Kanka, geboren 1776 zu Botzdorf in Ungarn, hatte am evangelischen Lyceum zu Pressburg und zwei Jahre in Wittenberg studirt, und war zuerst Privatdocent der Syntax und Rhetorik am evangelischen Gymnasium zu Csetnek im Gömörer Comitat, dann Rector des Gymnasiums zu Schemnitz, endlich Rector und Professor des

---

[26]) (Gottfried Franz:) Die evangelisch-reformirte Gemeinde zu Wien. Wien, 1852. S. 37.

lutherischen Gymnasiums zu Modern gewesen. Er wird als ein stiller, bescheidener, für sich einnehmender Mann geschildert, der deutschen, slavischen und ungarischen Sprache kundig, mit mannigfaltigen gelehrten Kenntnissen ausgerüstet, einer der brauchbarsten und verdientesten inländischen Schulmänner. Bei seiner Berufung nach Wien hatte er bereits 17 Jahre lang auf inländischen Gymnasien die Dogmatik vorgetragen und ausser mehreren Schulschriften eine Abhandlung „De nativa sermonis Hungarici euphonia" geschrieben, welche von den Ständen des Honther Comitates auf ihre Kosten (Poson. 1817) dem Druck übergeben wurde. Patay, geboren 1778 zu Janossy in Ungarn, studirte zu Saros-Patak, Jena und Göttingen, war nacheinander Prediger zu Lossonz, Professor am Collegium zu Sáros-Patak, Prediger in Noswai, endlich zu Szepsi in Ober-Ungarn. Ausser durch eine Rede [27]) war er den Consistorien nur durch das gute Zeugniss der Honoratioren seiner nächsten Umgebung bekannt, die ihn als einen toleranten, demüthigen, mässigen, in aller Rücksicht würdigen, dem allerdurchlauchtigsten Kaiserhause im vollen Masse attachirten und seinem Berufe als Prediger mit Auszeichnung vorstehenden Mann rühmten. Weil aber die Einen der Bewerber um die reformirte Professur ganz untüchtig befunden, die Andern zurückgetreten oder höchsten Ortes zurückgewiesen worden waren, so wurde Patay am 25. Mai 1821 von den Consistorien vorgeschlagen, weil ihnen gar keine andere Wahl übrig blieb. Laitner, geboren 1789 zu Pressburg [28]), in seiner Vaterstadt und

---

[27]) Halotti oratio nehai Tekintetes Ragalyi katalin Assony felett. Miskolzon 1811.

[28]) So nach Angabe der Consistorial- und Facultätsacten; dagegen ist er nach Haan (Jena Hungarica, S. 135) in pago Engorau ad ecclesiam Posoniensem pertinente geboren.

in Jena gebildet, Pfarrer in Gnesau und Schladming in Steiermark, wird als ein Mann von umfassenden theologischen Kenntnissen, ungemeiner Thätigkeit, einem in moralischer Beziehung durchaus unbescholtenen Charakter und als einer der geschicktesten Prediger geschildert.

Der Lehrkörper war noch nicht einmal in der angegebenen Vollständigkeit vorhanden, als bereits der Tod eine Lücke machte. Genersich, in vorgerückterem Alter an die Lehranstalt berufen, starb nach zweijährigem Wirken am 18. Mai 1823 an der Wassersucht. Seine Collegien konnte schon ein Zögling der Lehranstalt als Supplent übernehmen, Friedrich Daniel Schimko, welcher 1796 zu Podluczan in Ungarn geboren, früher in Oedenburg und Pressburg studirt hatte. Der Director Wächter rühmte von ihm, dass er mit gründlichen, besonders kirchen-historischen und kirchenrechtlichen Kenntnissen ein gesetztes und bescheidenes Wesen verbinde, einen unbescholtenen, guten Charakter und in politischer Hinsicht solche Grundsätze habe, dass ihm ein öffentliches Lehramt mit voller Beruhigung anvertraut werden könne. Nachdem er als Supplent sich bewährt und eine schriftliche, concursartige Prüfung bestanden hatte, wurde ihm im Jahre 1826 die Professur der Kirchengeschichte und des Kirchenrechtes definitiv übertragen. Ausser einigen noch zu nennenden Programmen schrieb er: „Das kirchlich-religiöse Leben im constitutionellen Staate mit besonderer Rücksicht auf die österreichische Monarchie. Nebst einem Anhange, enthaltend eine Abhandlung über die vollständige Juden-Emancipation, Charakteristik der Jesuiten und Liguorianer, Entwürfe zur Kirchenverfassung und Vorschläge zur Herbeischaffung kirchlicher Fonde" (Wien 1850) und „Ueber ein im k. k. Münz- und Antiken-Cabinete befindliches Pannonisch-

Norisches Normalgewicht" (Wien 1853). Das theologische Doctorat verlieh ihm Jena [29].

Nach Sitte der höheren protestantischen Lehranstalten in Ungarn und Siebenbürgen [30]) wurde auf Veranlassung des Directors Wächter das Geburtsfest des Kaisers auch an der protestantisch-theologischen Lehranstalt mit prosaischen und poetischen Reden in verschiedenen Sprachen im Beisein der Consistorien alljährlich gefeiert. Zum ersten Mal am 12. Februar 1822. Die Einladungsprogramme zu dieser Feierlichkeit mögen als officielle Kundgebungen der Lehranstalt hier der Reihe nach aufgeführt werden. Das erste, in schönem Latein von Wenrich geschrieben, erschien unter dem Titel: „Francisci I. Imperatoris, augusti patriae parentis, festum natalitium in instituto theologico Augustanae et Helveticae confessioni addictorum Vindobonensi a. 1822 piis devotisque animis celebrandum indicunt eiusdem instituti director et professores. Inest commentatio historica, qua, quantum linguarum orientalium studia Austriae debeant, exponitur. Pars I." Pars II. erschien als Einladungsprogramm für 1823. Im Jahre 1824 schrieb Wenrich eine: „Commentatio historico-critica de rhapsodis"; 1825 Kanka: „De contemplatione mundi physica, metaphysica et morali earumque ad religionem habitu"; 1827 Wenrich: „De adfinitate priscae Indorum linguae, quam Sanscritam dicunt, cum Persarum, Graecorum, Romanorum atque Germanorum sermone"; 1828 v. Patay: „Commentatio philologico-critica de origine et

---

[29]) Denkmal der Liebe, welches dem F. D. Schimko von seinen zwei Brüdern und seinem Neffen errichtet wurde. Pressburg, 1868.

[30]) Für die Evangelischen A. C. bestehen in Ungarn theologische Lehranstalten (Collegien, Lycoen) zu Eperies, Oedenburg, Pressburg; für die Evangelischen H. C. zu Debreczin, Ketskemét, Pápa, Sáros-Patak, Pest und zu Enyed in Siebenbürgen.

Frank.

elementis Hellenismi sacri scriptorum oraculorum divinorum Novi Foederis"; 1830 L a i t n e r: „De nonnullis, quae ad instituti finem propositum promovendum plurimum valere videntur, pia desideria"; 1835 S c h i m k o: „Commentatio de numis biblicis. Pars I."; 1838 Pars II.

In der angegebenen Zusammensetzung verblieb der Lehrkörper bis zum Jahre 1844, in welchem K a n k a, im 68. Lebens- und 42. Dienstjahre stehend, nachdem seine Kräfte in Folge körperlicher Zufälle abgenommen hatten, auf sein Ansuchen und unter Anerkennung seines immer gleichen rühmlichen Eifers und seiner gewissenhaften Treue, mit vollem Gehalte pensionirt wurde. Er starb am 31. Mai 1850. Die Bewerber um die durch seinen Abgang erledigte Professur der Dogmatik A. C. mussten sich am 12. Juni 1845 der Concursprüfung unterwerfen. Auf Grund derselben wurde von den Consistorien primo loco H e i n r i c h A u g u s t S t ä h l i n vorgeschlagen. Geboren 1812 in Brünn, studirte er in Wien Theologie und zwar in allen Gegenständen mit der Note eminenter, wurde Doctor der Philosophie und Mitglied der Olmützer philosophischen Facultät. Eilf Jahre bereits diente er, zuerst als Vicar und Katechet, dann als Pfarrer in Brünn, der evangelischen Kirche mit wahrhaft musterhaftem Fleiss und Eifer, und sein Name hatte unter den Protestanten in Mähren und Schlesien einen guten Klang. In einem Belobungsdecrete des ihm vorgesetzten Consistoriums war ihm schon vorher in Aussicht gestellt worden, dass bei einer geeigneten Professur auf ihn thunliche Rücksicht genommen werden würde. Die Consistorien empfahlen ihn darum jetzt als einen Mann, welcher durch seine tadellose, treue Amtswirksamkeit, wie durch seinen ruhigen, festen Charakter Gewähr gebe für eine aufrichtige und würdevolle Behandlung seines Gegenstandes. Seine Ernennung erfolgte am 13. December 1845. Bald darauf wurde er auch (mit Hofdecret vom 30. April 1846) als Consistorialrath A. C. in die oberste Kirchenbehörde mit der Beschränkung berufen, dass er von jenen die protestantisch-theologische Lehranstalt betreffenden Verhandlungen, wobei selbst die Person des Directors derselben betheiligt ist, ausgeschlossen bleibe. Als Schriftsteller ist er nur durch Gelegenheits-Schriften bekannt [31]).

Den Protestanten Ungarns und Siebenbürgens war seit 1827 und 1828 die Freiheit, ausländische Universitäten (zuerst nur Berlin, dann auch die meisten übrigen) zu besuchen, wiedergegeben worden. Die Wiener Lehranstalt war aber bereits so in den Organismus der evangelischen Kirche Oesterreichs hineingewachsen, dass Niemand an ihre nunmehrige Entbehrlichkeit dachte. Vielmehr erklären die Consistorien 1830: „Es unterliegt keinem Zweifel, dass die protestantisch-theologische Lehranstalt als eine sehr grosse Wohlthat Seiner Majestät dankbarst zu verehren ist." Aber die Concurrenz, welche die Lehranstalt nunmehr mit den auswärtigen Universitäten zu bestehen hatte, schärfte das Auge für ihre Mängel. Die Professoren selbst sprachen es 1837 aus, die Lehranstalt sei jetzt doch nur eine Art höheren Predigerseminars, während sie, wenn sie ihrem Zwecke entsprechen sollte, zugleich als eine Vorbereitungs-Anstalt für künftige Professoren in Ungarn und Siebenbürgen und selbst für das Gymnasium in Teschen dastehen müsste. Sie petitioniren daher, dass ausser den theologischen auch philosophische und philologische Collegia an ihr gehalten werden möchten. Die Anzahl der Hörer verminderte sich zuweilen in sehr bedenklicher Weise, früher zwischen 70 und 80, jetzt mitunter kaum 30. Die Studien-Hofcommission sah

---

[31]) Z. B. Rede bei Eröffnung der Vorlesungen. Wien, 1847.

sich daher im Jahre 1844 veranlasst, nach den Ursachen dieses verminderten Besuches zu forschen. Als solche werden von den Consistorien angegeben: die den Ungarn und Siebenbürgern ertheilte Erlaubniss, fremde Universitäten zu besuchen; dass in einzelnen Superintendenzen A. C. in Ungarn (z. B. diesseits und jenseits der Theiss) den Candidaten der Besuch der Anstalt nicht gestattet sei; dass vom Ober-Consistorium in Siebenbürgen den jungen Theologen, wenn sie in Wien studiren, ein dreijähriger, wenn auf deutschen Universitäten, nur ein zweijähriger Curs vorgeschrieben sei; dass die Professur der Dogmatik H. C. unbesetzt sei; dass es überhaupt jetzt weniger Theologie Studirende gebe als in früherer Zeit. Uebrigens stünden die Kosten, welche die Anstalt dem Aerar verursacht, in keinem ungünstigen Verhältniss zu dem Segen, der dadurch gestiftet wird. „Die Consistorien können es nach ihren Erfahrungen mit vieler Beruhigung bezeugen, dass die jüngeren Pastoren, welche meistens Zöglinge der Lehranstalt gewesen sind, ihrem Amte und den Verpflichtungen ihres Berufes zur Zufriedenheit der Consistorien, zur Ehre der Anstalt entsprechen." Hierauf erfloss am 3. Juni 1845 eine von den Consistorien mit dem freudigsten Danke aufgenommene Allerh. Entschliessung, welche das (von den Directoren lang ersehnte und erstrebte) Institut der Assistenten (mit je 400 fl. C. M. Gehalt) gewährte, die Besetzung der ursprünglich der Anstalt zuerkannten Professur der Dogmatik H. C. verfügte, den Studirenden aus Ungarn und Siebenbürgen, welche die Theologie bereits absolvirt haben, erlaubte, nur jene Vorlesungen zu besuchen, in welchen sie eine höhere Ausbildung erstreben, endlich anordnete, die Studien-Eintheilung so zu machen, dass es den auswärtigen Studirenden möglich werde, auch andere Vorlesungen an der Universität oder am polytechnischen Institute zu hören.

Es wurden nun sofort die Einleitungen zur Besetzung der Lehrkanzel der Dogmatik H. C. getroffen, vorläufig ohne Erfolg. Zwar der Concurs wurde noch im Jahre 1845 ausgeschrieben und die schriftliche und mündliche Concursprüfung am 16. Juli 1846 abgehalten. Aber die Concurrenten erschienen nach dem Urtheile der Professoren und Consistorien nicht geeignet, das in Rede stehende Lehramt zu bekleiden. Bei dem neu ausgeschriebenen Concurs (1847) meldete sich nur ein Bewerber, der gleichfalls als untüchtig erkannt wurde. Da fand es die niederösterreichische Landesregierung auffällig, dass sich während des vieljährigen Bestehens der Lehranstalt kein geeigneter Candidat herangebildet haben sollte — die Consistorien klärten dies damit auf, dass die Lehranstalt auf Heranbildung von Pastoren, aber bis zum Jahre 1845, in welchem das Assistenten-Institut gegründet wurde, nicht von Professoren angelegt gewesen sei — gab auch zu bedenken, dass nicht selten wissenschaftlich gebildete Männer sich nicht entschliessen, im Wege des Concurses um Erlangung einer Lehrkanzel einzuschreiten. Schliesslich ward die Berufung eines Ausländers in Aussicht genommen. Die Ereignisse des Jahres 1848 sistirten weitere Verhandlungen. Laut Erlasses des Ministeriums des Unterrichts vom 5. September 1848 hat diese Besetzung bis auf Weiteres auf sich zu beruhen.

Sodann wurde noch im Jahre 1845 die Instruction für die Assistenten festgestellt. „Bei Anstellung der Assistenten haben Se. Majestät zur Absicht, Pflanzschulen zu errichten, in welchen fähige Subjecte nach vollendeten theologischen Studien zu tauglichen Lehrern für einzelne Fächer der Theologie gebildet werden. Nur solche Inländer haben auf diese Anstellung Anspruch, die während ihrer Studienjahre an der Lehranstalt vorzügliche geistige Fähigkeiten für eine theologische Professur bewiesen haben. Abwechselnd ist der Assistent einmal aus Gliedern der Augsburgischen, ein anderes Mal aus jenen der Helvetischen Confession zu wählen. Er soll den Vorlesungen jenes Studiums, welches er für sich am nothwendigsten erachtet, sowie den Semestral-Prüfungen beiwohnen, und im Verhinderungsfalle eines oder des andern Professors die Studien desselben nach den Allerhöchst genehmigten Lehrbüchern vortragen können. Die Dauer seiner Anstellung ist auf zwei Jahre festgesetzt und darf auf weitere zwei Jahre verlängert werden." Als erster Assistent wurde **Gustav Georg Roskoff**, welcher, 1814 zu Pressburg geboren, seine Studien am Lyceum zu Pressburg, in Wien und Halle gemacht hatte, von den Consistorien (15. Dec. 1845) als vor Andern geeignet empfohlen, sich sowohl das Vertrauen der Professoren, als auch die Achtung der Studirenden zu erwerben, am 29. Januar 1846 ernannt und nach Ablauf des Bienniums auf's Neue angestellt.

Das war die Gestaltung der Lehranstalt, als am 2. April 1846 ihr fünfundzwanzigjähriges Jubiläum gefeiert wurde. In Gegenwart der Consistorien und mehrerer Vertreter der hohen und höchsten Behörden hielt an diesem Tage Professor **Wenrich** eine lateinische, Director **Pauer** eine deutsche Gedächtnissrede. Der Letztere erinnerte daran, wie die Lehranstalt bei ihrer Gründung auf mancherlei Vorurtheile stiess (siehe Anmerkung 15) und wie sie nicht ohne einiges Misstrauen, ob die Pflanze deutscher Wissenschaft auch auf vaterländischem Boden gedeihen könne, betrachtet wurde; er warf die Frage auf, ob sie die ehrwürdigen Zwecke, um derentwillen sie von dem erhabenen verklärten Fürsten in's Leben gerufen wurde, erreicht habe, und antwortete: „Mit vieler Beruhigung können wir es nach einer Reihe von 25 Jahren aussprechen, dass diese Lehranstalt bei der ernsten Wirksamkeit der Männer, welchen der Vortrag der theologischen Studien anvertraut war, schöne, erspriessliche Früchte getragen und im Ganzen den Hoffnungen und Absichten entsprochen hat, um derentwillen sie in's Leben gerufen ward."

Die protestantisch-theologische Lehranstalt ist in dem Voranstehenden ganz objectiv und actenmässig treu geschildert worden. Sie war organisirt nach demselben Schema wie damals alle höheren Lehranstalten des Kaiserstaates. Die Verschiedenheit dieser Organisation von der Einrichtung protestantischer Facultäten und Universitäten in Deutschland ist leicht erkennbar. Wenn an diesen der Autonomie, der Selbstbestimmung, der Freiheit im Lehren und Lernen möglichster Spielraum gelassen wird, so war an den damaligen Hochschulen Oesterreichs die gesetzliche Gebundenheit, die behördliche Controle, die staatliche Ueberwachung vorherrschend. Eine kunstgerechte Staatsregierung schien zu postuliren, dass der Staat der Einsicht und dem Willen des Einzelnen möglichst wenig überlasse, dagegen möglichst viel in seine eigene vorsorgende Hand nehme. Und diese Meinung der Staatslenker stand keineswegs im Widerspruch mit der öffentlichen Meinung. Die gesetzlich umschränkte Studien-Einrichtung ward damals in den akademischen Kreisen Oesterreichs so wenig als ein Druck empfunden, dass man von der entgegengesetzten überall nicht viel des Guten erwartete [32]). Was speciell

---

[32]) Dieses bezeugt Friedrich Carl von Strombeck: Darstellungen aus einer Reise durch Deutschland und Italien im Jahre 1835. Braunschweig 1836 I., 168. Derselbe, als er auf seiner Reise nach Innsbruck kam und die dortige, der oben geschilderten ganz

die theologische Lehranstalt betrifft, so urtheilte ein für dieselbe nicht eben eingenommener Pseudonymus aus Ungarn: „Der Lehrplan, welcher zu Grunde liegt, ist vortrefflich; sachkundige, wackere Männer haben ihn entworfen" [33]). Die Directoren fassten, wie anerkannt werden muss, ihr Aufsichtsrecht in akademisch-liberaler Weise auf, handhabten es niemals zur Fesselung der Geister oder gar des protestantischen Geistes — kein Professor der Lehranstalt ist laut Ausweises der Acten wegen seiner Vorträge belangt oder zur Rede gesetzt worden — missbrauchten es nicht zu Gunst oder Ungunst, kein Professor sah sich genöthigt, von dem ihm gesetzlich zustehenden Recht der Beschwerdeführung gegen den Director Gebrauch zu machen. Tüchtige Lehrer mochten auch unter den gegebenen Verhältnissen Tüchtiges leisten. Dem heiligen Geist, mit Flacius zu reden, war das Maul nicht verbunden. Die Professoren der Lehranstalt entsprachen nun allerdings nicht durchgängig den gerechten Erwartungen. Der eben citirte Pseudonymus schreibt: „Die Wahl der Professoren, so wie sie jetzt da sind, ist nicht zum Besten der Anstalt ausgefallen; einen oder zwei ausgenommen, sind es Männer,

---

analoge Universitäts-Verfassung kennen lernte, urtheilte: „dass tüchtige Geschäftsmänner auf so organisirten Hochschulen gebildet werden können, leidet keinen Zweifel, und die tägliche Erfahrung lehrt es; dass aber die Wissenschaften im protestantischen Deutschland ungleich mehr blühen als in dem katholischen, dass die protestantischen Länder, in Beziehung auf Gelehrsamkeit, in Deutschland ein so grosses Uebergewicht über die katholischen haben, davon ist doch wohl vorzüglich die Einrichtung unserer Universitäten und unseres freieren Studienwesens die Ursache. Baiern, welches auf seinen Universitäten München und Würzburg wenigstens grösstentheils die Einrichtung der protestantischen Universitäten anwendet, erntet hievon schon die Früchte."

[33]) Ueber Erziehung und Unterricht in Ungarn. In Briefen an den Grafen Stephan Széchenyi, Verfasser des Buches: „Der Credit," von Pius Desiderius. Lpz. 1833, S. 53.

die wohl als fleissige Lehrer für eine lateinische Schule in Ungarn passten, aber einer neuerrichteten Anstalt, die die Hochschulen Deutschlands ersetzen sollte, Leben und Schwung zu geben, reichen ihre beschränkten Kräfte nicht zu." Von dem bald heimgegangenen Genersich abgesehen, hat nur Wenrich sich einen wissenschaftlich geachteten Namen erworben. Ihm räumte das allgemeine Urtheil den obersten Rang unter seinen Collegen ein, er wurde wiederholt mit A. h. Belobungen erfreut und noch kurz vor seinem Hinscheiden zum Mitgliede der kaiserlichen Akademie der Wissenschaften in Wien ernannt. Obschon mit dem ganzen Gebiete der Theologie wohl vertraut, gehörte doch seine Lieblingsneigung den semitischen Dialecten und er würde wahrscheinlich als Professor orientalium an einer philosophischen Facultät einen ihm noch zusagenderen Wirkungskreis gehabt haben, als an der protestantisch-theologischen Lehranstalt. Nach ihm wird Laitner's, der sich aber als Schriftsteller so gut wie unbezeugt gelassen hat, vorzügliche Lehrgabe, und dass er seinen Zuhörern religiösen Sinn einzuhauchen wisse, gerühmt. Seine bei den Acten befindlichen eingehenden Gutachten sind Zeugnisse gewissenhafter Gründlichkeit. Geeifteren Zuhörern schienen seine Vorlesungen mehr in die Breite als in die Tiefe zu gehen und der wissenschaftlichen Einheit zu entbehren. An dritter Stelle erscheint Kanka, ein guter, alter Herr, treu und fleissig in seinem Berufe, aber zu wenig anregend, unbeholfen und der zuletzt die Wissenschaft über sich hin auswachsen liess. Schimko, ein Mann von kindlicher Gutmüthigkeit und merkwürdigem Gedächtniss, darum ein lebendiges Compendium der Kirchengeschichte, scheint in seinen Vorträgen zu Digressionen geneigt gewesen zu sein, mehr am Aeusserlichen und Einzelnen gehaftet, als wissenschaftlich in die Tiefe sich gebohrt und zusammenfassende Ueberblicke und Totalanschauungen im grossen Style geboten zu haben. Seines Zeichens Rationalist im alten Sinne und nicht ohne neologischen Eifer gegen Heuchelei, Aberglauben und Jesuitismus, hatte er im Ganzen mehr Freude am Sammeln als am Schreiben der Bücher, zu welch' letzterem er nie recht die Zeit gewinnen konnte. Die wenigste Anziehung übte v. Patay aus. Ihm, der sonst ein gewandter Lateiner war, fehlte ganz das didactische Geschick, das donum proponendi, sein Vortrag war hastig, verworren, unmethodisch. Körperliche Gebrechlichkeit und traurige Familiengeschicke mögen freilich zur Herabminderung der Wirksamkeit des bescheidenen Mannes das Ihrige beigetragen haben. Offenbar waren die Ursachen, warum es nicht gelang, der Anstalt nur Lehrkräfte von anerkannter Bedeutung zuzuführen, einmal, dass man sich bei Besetzung der Professuren auf das Inland beschränkte, welches gerade für protestantisch-theologische Lehrämter nicht die wünschenswerthe Auswahl wissenschaftlich geschulter Kräfte bot, und sodann, dass die Besetzung mittelst Concurses geschah, ein Besetzungsmodus, wo es die Besetzung practischer Aemter in einem ausgedehnten Reiche gilt, empfehlenswerth, bei akademischen Lehrämtern entweder unnöthig oder werthlos. Unnöthig, wenn es sich um Männer handelt, welche ihr didactisches Geschick bereits bewährt und schriftstellerisch sich ausgewiesen haben; im entgegengesetzten Falle aber werthlos, weil auch die bestbestandene Concursprüfung niemals ausreichende Garantie bieten kann für eine bedeutende akademische und wissenschaftliche Zukunft. Die Mängel der Lehranstalt waren durch die damaligen Verhältnisse bedingt. Eine spätere

Zeit hat sie erkannt und behoben. Den österreichischen Hochschulen ist nachmals eine der Wissenschaft und ihrer Vertreter würdige Freiheit gegeben worden. Es war ein österreichischer Cultusminister, der im Juli 1867 das gern gehörte Wort sprach: „In einem geordneten Staate müssen wissenschaftliche Corporationen die vollste Autonomie geniessen." Und der 17. Artikel des Staatsgrundgesetzes vom 21. December 1867 über die allgemeinen Rechte der Staatsbürger für die im Reichsrathe vertretenen Königreiche und Länder lautet: „Die Wissenschaft und ihre Lehre ist frei."

Die k. k. evangelisch-theologische Facultät.

Das Jahr 1848 mit seinen Hoffnungen und Stürmen brachte auch in die protestantisch-theologische Lehranstalt ziemliche Bewegung. Die Studirenden schlossen sich der Begeisterung der akademischen Jugend an der Universität für Fürst und Vaterland mit der lebendigsten Theilnahme an. Die Professoren überreichten am 18. März dem Consistorium der Universität eine Adresse, worin sie ihre volle Sympathie für das vaterländische und loyale Wirken der Wiener Universität freudig aussprechen, ihre Hoffnungen und Wünsche für das Gedeihen und die segensvolle Entwicklung der gewährten Freiheit kundgeben und sich bereit erklären, mit Wort und That auf das Kräftigste der Wiener Hochschule sich anzuschliessen, wo es um Licht und Recht, um Wissenschaft und besonnenen Fortschritt auf gesetzmässigem Wege zu thun ist. Die Studirenden entschlossen sich ihrerseits zu einer Petition um Lehr- und Lernfreiheit, sowie um Einverleibung der Lehranstalt in den Körper der Universität. Um Ungebührlichkeiten zu begegnen und die Jugend auf gesetzlichem Wege zu erhalten, übernahmen die Professoren die Abfassung dieser Petition und überreichten sie unter Betheiligung dreier studentischer Deputirten am 9. April dem

Minister des Unterrichts, Doblhoff. Dieser erklärte, die Lehr- und Lernfreiheit sei den Studirenden bereits zugesagt, könne sonach auch denen der Lehranstalt nicht vorenthalten werden; hinsichtlich der Einverleibung müsse er zuvor die A. h. Genehmigung einholen. Die Einverleibung schien damals ihrer Verwirklichung nahe. Der Entwurf der Grundzüge des öffentlichen Unterrichtswesens in Oesterreich (bekanntgegeben in der „Wiener Zeitung" am 21. Juli 1848) stellte in §. 63 fest, dass das protestantisch-theologische Studium zu Wien die zweite Abtheilung der theologischen Facultät bilden soll.

Eine besondere Petition richteten die slavischen Studirenden an der Lehranstalt (am 9. April 1848) an die Consistorien. Sie seien durch die allgemein heilbringende Bewegung Europa's an ihre Stellung innerhalb der protestantischen Kirche nachdrücklich gemahnt und zu dem pflichtgemässen, mannhaften Entschlusse gebracht worden, das Wohl des gesammten Protestantismus durch die besondere Sorgfalt für die bis jetzt verwahrlosten, ja verwaisten slavischen Protestanten nach Kräften zu fördern. Sie wünschen demnach: 1. Es soll nach protestantischem Rechte an der protestantisch-theologischen Facultät stets ein Professor angestellt sein, welcher der slavischen Sprache vollkommen mächtig ist, um — wo nicht mehr — doch sicher practische Uebungen mit den Slaven halten zu können. 2. Die öffentlichen Vorträge von der Kanzel sollen sofort erneuert [34]) und zwar so eingerichtet werden, dass Deutsche und Slaven abwechselnd an jedem Sonn- und Feiertage deutsch und slavisch predigen. 3. Die bestehende Facultäts-Bibliothek soll von nun an jährlich wie mit deutschen, ebenso mit slavischen Büchern gewissenhaft

---

[34]) Dieses „erneuert" soll wahrscheinlich auf eine eingetretene Beschränkung der licentia concionandi deuten.

bereichert werden. 4. Jeder slavische Candidat soll berechtigt werden, die allgemeine oder Kirchen-Prüfung in slavischer Sprache ablegen zu dürfen. Dadurch wäre auch das gewonnen, dass der slavisch-theologischen Literatur auf diesem Wege vortheilhaft vorgearbeitet werden könnte. Die Consistorien erwiederten: ad 1. Es sei als eine gerechte Forderung anzuerkennen, dass jungen Theologen Gelegenheit gegeben werde, sich in der Sprache ihrer spätern Amtswirksamkeit üben zu können. Practische Uebungen in slavischer Sprache seien deshalb schon längst für die Anstalt angeordnet [35]). Kein Slave war bis jetzt als solcher von der Anstellung als Professor ausgeschlossen. Theologische Tüchtigkeit muss indessen bei jeder Professur die Hauptsache bleiben; ad 2. Die Entscheidung rücksichtlich Ueberlassung ihrer Bethäuser zu slavischen Gottesdiensten stehe den Gemeinden zu, es würden übrigens Gottesdienste in slavischer Sprache höchst erwünscht sein; ad 3. Auf Anschaffung der Bücher für die Facultäts-Bibliothek hätten die Consistorien keinen Einfluss; ad 4. Die mündlichen Prüfungen könnten unbeanstandet in slavischer Sprache geschehen. Dieser Bescheid wurde von den Bittstellern mit Befriedigung aufgenommen.

Mit der den Hochschulen zugestandenen Lehr- und Lernfreiheit war der Boden gewonnen, auf welchem das Privat-Docententhum entstehen und gedeihen konnte. Die Regierung selbst erklärte dasselbe für wünschenswerth und erliess zu Anfang des Jahres 1849 darüber die nöthigen Bestimmungen. An der evangelisch-theologischen Facultät strebte dasselbe bis jetzt nur Dr. Julius Kolatschek (im Jahre 1856) an. Von der Majorität des damaligen

---

[35]) Sie wurden in der That damals von Schimko geleitet, aber sein slavisches Idiom war nicht das czechische, auch fehlte ihm im homiletischen Fach die nöthige Uebung.

Professoren-Collegiums wegen seiner declarirten Tübinger Richtung im Hinblick auf die gesetzliche Verantwortlichkeit der Lehrkörper für ihre Privatdocenten [36]) beanstandet, von der Majorität der damaligen Consistorialräthe (in der Berichterstattung vom 25. Jänner 1858 auf ein den Consistorien abverlangtes Gutachten) als zur Zulassung geeignet erklärt („die Consistorien sind weit entfernt, der Tübinger Schule in Allem das Wort zu reden, aber ebenso entschieden sprechen sie vom Standpunkt ihrer Kirche die Ueberzeugung aus, tüchtige Männer sind nicht um dieser Schule willen von einer Lehrkanzel fern zu halten, insbesondere nicht von der hiesigen k. k. evangelisch-theologischen Facultät, weil ein neuer Geist auch ihr nur wohlthun kann"), erhielt die Verhandlung dadurch ihren factischen Abschluss, dass Dr. Kolatschek einen Ruf als Pfarrer an die neuconstituirte evangelische Kirchengemeinde in Wiener-Neustadt annahm.

Das Verfahren bei Besetzung erledigter Lehrkanzeln wurde (11. December 1848) wesentlich so geregelt, wie es an deutschen Hochschulen besteht. Der betreffende Lehrkörper hat bei eingetretener Vacanz einen Terna-Vorschlag zu erstatten. Bewerbung um erledigte Stellen ist gesetzlich gestattet, einstweilen auch noch Concursprüfungen, da das Institut der Privatdocenten bis jetzt nur im geringen Grade entwickelt ist.

Eine den allgemeinen Studienreformen entsprechende Neugestaltung der theologischen Lehranstalt wurde von allen betheiligten Kreisen nunmehr ernstlich in's Auge gefasst. Die vom Ministerium des Innern im Sommer 1849 nach Wien einberufene Versammlung der österreichischen

---

[36]) Bei Thaa, S. 134: „Jedes Professoren-Collegium trägt einen gewissen Grad von Verantwortlichkeit für seine Privatdocenten." (Min.-Erlass vom 27. April 1850.)

Superintendenten und ihrer Vertrauensmänner beschloss in der Sitzung vom 11. August, in die dem Ministerium zu unterbreitende Denkschrift den Wunsch aufzunehmen, dass die protestantisch-theologische Lehranstalt des Namens, der Rechte und Freiheiten einer ordentlichen (vollberechtigten) theologischen Facultät theilhaftig werde [37]). Der Lehrkörper der Lehranstalt selbst beantragte: Vermehrung der Lehrkräfte; bessere Ausrüstung der Studirenden mit Gymnasial-Vorkenntnissen; Scheidung der exegetischen Professuren nach den beiden Testamenten, nicht nach der Confession; Lehr- und Lernfreiheit, jedoch zur Beseitigung möglichen Missbrauchs der Lernfreiheit sollen die kirchlichen Behörden die bisher an der Lehranstalt vorgetragenen Lehrfächer als obligate für künftige Diener der Kirche erklären; Ausstattung der Anstalt mit allen Vorzügen und Rechten einer evangelisch-theologischen Facultät; Einverleibung in den Organismus der Universität, was wesentlich zur Hebung der Anstalt beitragen werde; Jahresdotation für die Bibliothek [38]); gebührende Berücksichtigung der verschiedenen Nationalitäten und gleiche Berechtigung der beiden Confessionen bei Anstellung der Professoren, jedoch seien zwei Professoren der Dogmatik, je für eine der beiden Confessionen, nicht nöthig, wenn nur die Specialsymbolik jeder Kirche vorgetragen würde. Die Consistorien in ihrem Bericht vom 27. Mai 1850 erklären sich mit diesen Anträgen in der Hauptsache einverstanden, bestehen jedoch, solange die

---

[37]) Verhandlungen und Vorschläge der zur Regelung der Verhältnisse der evangelischen Kirche zum Staate im Sommer 1849 nach Wien einberufenen Versammlung der österreichischen Superintendenten und ihrer Vertrauensmänner. Triest 1850. S. 44 und 84. Zweite Auflage, S. 51 und 92.

[38]) Dieselbe wurde am 7. Sept. 1851 mit jährlich 300 fl. C.-M. gewährt.

Union noch nicht vollzogen ist, und jede Kirche in ihrer confessionellen Bestimmtheit dasteht, auf der Anstellung zweier Dogmatiker. Auf die Nationalitäten sei bei der Anstellung der Professoren gebührende Rücksicht zu nehmen, doch unbeschadet der wissenschaftlichen Tüchtigkeit. Schliesslich sprechen die Consistorien den Wunsch aus, dass ihnen bei Besetzung der Lehrämter ein angemessener Einfluss gewährt werde.

Hierauf erschien nun der wichtige „Erlass des Ministeriums des Cultus und Unterrichtes vom 8. October 1850, die Organisation der k. k. evangelisch-theologischen Lehranstalt in Wien, das Studienwesen an derselben und die Disciplinar-Ordnung betreffend" [39]), durch welchen die protestantisch-theologische Lehranstalt thatsächlich in eine evangelisch-theologische Facultät umgewandelt wurde. Die wichtigsten Bestimmungen daraus sind folgende: „Um die evangelisch-theologische Lehranstalt in Wien jener freieren Gestaltung theilhaftig zu machen, welche den Facultäts-Studien an den österreichischen Universitäten mit A. h. Entschliessung vom 11. October 1849 gewährt worden ist, und damit auch ihr die Entwicklung eines kräftigeren wissenschaftlichen Lebens möglich werde, wird in Folge A. h. Entschliessung vom 3. l. M. Nachstehendes verordnet: §. 1. Die k. k. evangelisch-theologische Lehranstalt ist berufen, die evangelisch-theologische Wissenschaft zu pflegen und die Candidaten des Predigeramtes für ihren Beruf vorzubereiten. Es finden auf dieselbe im Allgemeinen die für die Facultäts-Studien an den österreichischen Universitäten erfliessenden Normen insoweit eine Anwendung, als die Sonderstellung derselben es zulässt. §. 2. Die

---

[39]) Abgedruckt im Reichsgesetzblatte 1850, Nr. 388, und bei Thaa. S. 290 ff.

evangelisch-theologische Lehranstalt in Wien steht unmittelbar unter dem Ministerium des Cultus und Unterrichts [40]) und wird von ihrem Lehrkörper geleitet. §. 3. Der leitende Lehrkörper besteht aus sämmtlichen Professoren, sie mögen als ordentliche oder ausserordentliche angestellt sein. §. 6. Der leitende Lehrkörper wählt jährlich aus den ordentlichen Professoren seinen Vorstand, welcher den Namen Decan führt. Der Decan tritt an die Stelle des bisherigen Directors, dessen Würde erlischt. §. 17. Dem Decan unterstehen die Diener und etwaigen Beamten der Lehranstalt. §. 27. Die an der evangelisch-theologischen Lehranstalt Studirenden geniessen die Lernfreiheit, d. i. die Freiheit, die Fächer welche, die Zeit wann, und die Lehrer, bei welchen sie hören wollen, zu wählen. §. 28. Doch müssen Diejenigen, welche sich für den Eintritt in das evangelische Prediger-Amt qualificiren wollen, sich über den Besuch aller für ihren künftigen Beruf nöthigen Hauptfächer auszuweisen im Stande sein [41]). §. 43. Es werden künftig an der evangelisch-theologischen Lehranstalt über

---

[40]) Im k. k. Ministerium für Cultus und Unterricht besteht eine besondere Abtheilung für die evangelischen Cultus- und Unterrichts-Angelegenheiten mit evangelischem Referenten.

[41]) Als der Director Pauer trotz der Lernfreiheit bei den Consistorien obligate Studien beantragte, sprach sich der Lehrkörper, um seine Wohlmeinung befragt, unter dem 10. Mai 1849 dahin aus: „Obligate Studien für die Studirenden der Lehranstalt innerhalb des gesammten Studiencyklus lassen sich bei der hohen Orts genehmigten Lehr- und Lernfreiheit und bei der vom h. Ministerium ausgegangenen Bewilligung zum Besuche ausserösterreichischer Universitäten nicht festsetzen, da nun nicht mehr gefordert werden kann, dass die Studirenden die Gegenstände gerade an der k. k. protestantisch-theologischen Lehranstalt in Wien hören müssten. Dagegen erscheint es allerdings nöthig, festzusetzen, dass jeder immatriculirte Studirende verbunden sei, eine gewisse Anzahl (wenigstens drei) von ihm frei zu erwählender Vorlesungen zu besuchen."

den Fortgang der Studirenden Semestral- oder Annual-Prüfungen nicht mehr abgehalten" [42]).
In Folge dieser neuen Organisation constituirte sich der Lehrkörper am 21. Oct. 1850 und wählte Laitner zu seinem ersten Decan. Der nunmehr von der Stelle eines Directors zurücktretende Consistorial-Rath Pauer erhielt, in Anerkennung seiner in dieser Eigenschaft geleisteten vorzüglichen Dienste, das Ritterkreuz des Franz Josef-Ordens. Das Professoren-Collegium richtete am 12. Dec. 1850 an die Consistorien folgendes Abschiedsschreiben: „Wie es den wohllöblichen k. k. Consistorien bekannt ist, wurde die k. k. evangelisch-theologische Lehranstalt durch A. h. Entschliessung Sr. Majestät am 3. October l. J. mit den Rechten einer evangelisch-theologischen Facultät allergnädigst betheilt und dadurch in jene selbstständige akademische Stellung versetzt, welche durch mehrere in letzter Zeit erlassene Allerhöchste Resolutionen den österreichischen Hochschulen eingeräumt ist. Demgemäss lag dem Professoren-Collegium der evangelisch-theologischen Facultät die Verpflichtung ob, sich zu constituiren und zur Wahl eines Decans zu schreiten. Derselbe erhielt auch nach Ministerial-Erlass vom 16. Nov. in der Person des ältesten und um die Anstalt hochverdienten Professors Laitner hohen Ortes die Bestätigung. Das Professoren-Collegium hält sich nunmehr für verpflichtet, den wohllöblichen k. k. Consistorien die Anzeige von der Genehmigung dieser ersten Decanswahl an der k. k. evangelisch-theologischen Facultät hiermit zu erstatten. Bei dieser Gelegenheit kann der hochachtungsvoll gefertigte

---

[42]) Die Stipendiaten sind jedoch laut Erlasses vom 28. Mai 1853 verpflichtet, die theologischen Disciplinen in einer bestimmten Reihenfolge zu hören und sich gegen Ende eines jeden Semesters Colloquien aus den vorgeschriebenen Lehrgegenständen zu unterziehen.

Lehrkörper nicht umhin, den k. k. Consistorien seinen tiefgefühlten Dank für die treue Fürsorge auszusprechen, welche dieselben dieser theologischen Anstalt in ihrer bisherigen Organisation ununterbrochen zugewendet haben. Die k. k. Consistorien, mit weiser Sorgfalt von der Gründung der Anstalt bis hierher die hohen Zwecke derselben und die ihr durch ihren erhabenen Gründer gesetzte Aufgabe stets im Auge behaltend, haben sich durch ihre Verdienste um dieselbe in der Geschichte dieser Anstalt ein unvergängliches Denkmal gesetzt. Den Bemühungen der k. k. Consistorien ist es mit anzurechnen, dass die Anstalt seit ihrem Beginne zum Segen der Kirche wie des Staates heilsame Frucht brachte und dass ihr zur Förderung ihrer heilsamen Bestrebungen die wohlmeinende Aufmerksamkeit der hohen Staatsverwaltung fortwährend erhalten wurde. Der fürsprechenden Wirksamkeit der k. k. Consistorien wird insbesondere sowohl von Seite der k. k. evangelisch-theologischen Facultät, als auch von Seiten der gesammten evangelischen Kirche Oesterreichs es stets gedankt werden müssen, dass diese Anstalt nunmehr durch die A. h. Gnade Sr. Majestät in jene akademische Stellung erhoben wurde, welche die evangelisch-theologischen Facultäten auch in andern Ländern haben, welche dem Standpunkte der evangelisch-theologischen Wissenschaft und den Principien der evangelischen Kirche A. und H. C. gemäss ist, und welche für die Zukunft den gesegnetsten Erfolg verspricht. Dies fühlt der ergebenst gefertigte Lehrkörper auf das Lebendigste in allen seinen Gliedern. Je seltener es geworden sein mag, bei der durch die Veränderungen der Neuzeit hervorgebrachten Umwandlung der gewohnten Formen früherer Verhältnisse, das Gute, was aus denselben erwuchs, dankend anzuerkennen, desto tiefer fühlt sich der ergebenst gefertigte Lehrkörper auf das Heiligste verpflichtet, bei der Neugestaltung der Verhältnisse der hiesigen theologischen Anstalt jenem Dank laut die Rechnung zu tragen, den dieselbe den k. k. Consistorien in der bisherigen gegenseitigen Stellung schuldet und es hierbei auszusprechen, dass sie die innige Beziehung durchaus nicht übersieht, in welcher sie auch fortan zu den evangelischen Kirchenbehörden des österreichischen Gesammtvaterlandes steht, und wie wünschenswerth es stets für sie sein muss, mit denselben Hand in Hand zum Besten der Kirche zu wirken. Der Lehrkörper der evangelisch-theologischen Facultät ist durchdrungen von der Ueberzeugung, dass die hohe Staatsverwaltung mit Gründung und freigebiger Erhaltung einer Anstalt, wozu der Kirche selbst die zureichenden Mittel fehlen, derselben eine Wohlthat erweisen wollte, dass sie somit für die heiligen Zwecke der evangelischen Kirche eingesetzt ist, für dieselben heiligen Zwecke, denen auch die Wirksamkeit der evangelischen Kirchenbehörden gilt, und dass sie der ihr vorgesetzten höchsten Staatsgewalt selbst nicht genug thun würde, wenn sie dies je aus dem Auge verlieren könnte. Was die evangelische Kirche zu ihrem Gedeihen braucht, dafür soll ihr die evangelisch-theologische Facultät bieten Männer, in denen, wissenschaftlich gründlich gebildeter Geist mit echt christlicher Gesinnung harmonisch sich einigend, die Bürgschaft für den Erfolg geistlicher Amtsthätigkeit geboten ist. Auch in seiner neuen freiern Gestaltung für diese heiligen Kirchenzwecke thätig zu sein, das ist die ernste Richtschnur für die Thätigkeit des gesammten Lehrkörpers der evangelisch-theologischen Facultät und wird es unter Gottes gnädigem Beistand auch ferner sein. Daher ist es dem Wunsch und der jetzt dringend ausgesprochenen Bitte des ergebenst gefertigten Lehrkörpers gemäss, wenn die wohllöblichen k. k. Consistorien als oberste Kirchenbehörden eines Theiles der evangelischen

Gesammtkirche Oesterreichs, sich überall, wo es die Interessen der evangelischen Kirche fordern, mit dem Lehrkörper der evangelisch-theologischen Facultät in amtlichen Verkehr setzen, und er wird gewiss nie unterlassen, unter Berücksichtigung der ihm Allerhöchst zugewiesenen gesetzmässigen Pflichten und Rechten, nach bester Kraft den Wünschen der k. k. Consistorien zu entsprechen." Mit Wehmuth schieden ihrerseits die Consistorien von der zur Facultät gewordenen Lehranstalt, ihrer geliebten Pflegetochter.

Wie die Consistorien das künftige Verhältniss der Facultät zur Kirche und deren oberster Behörde gestaltet wissen wollten, ersieht man aus dem gedruckten „Entwurf zu einem Gesetze, betreffend die staatsrechtliche Stellung, die innere Verfassung und die Schul- und Unterrichtsangelegenheiten der evangelischen Kirche beider Bekenntnisse," welchen die Consistorien am 6. Juni 1860 dem Grafen Leo Thun, als Minister für Cultus und Unterricht, überreichten. Darin findet sich rücksichtlich der Facultät das Folgende beantragt: „Die evangelisch-theologische Facultät in Wien wird bleibend aus Staatsmitteln erhalten und im vollen Genusse des ihr verliehenen Rechtes der Lehrfreiheit und der Verleihung des theologischen Doctorgrades geschützt. Der unmittelbare Vorstand der Anstalt ist ein von dem Lehrkörper alljährlich freigewählter Decan. Ueber alle wichtigen, die Organisation und Fortentwicklung dieser Facultät betreffenden Gegenstände wird das Ministerium für Cultus und Unterricht erst nach Einholung eines Gutachtens des evangelischen Ober-Kirchenrathes entscheiden. Bei Besetzung von Lehrkanzeln wird der Lehrkörper dem Ober-Kirchenrath einen Ternavorschlag überreichen, welcher unter Beifügung seines Gutachtens oder eines eigenen Besetzungsvorschlages vom Ober-Kirchenrath im Wege des Ministeriums für Cultus und Unterricht zur Allerhöchsten

Beschlussfassung vorzulegen ist. Zu den Rigorosen, welche die Bewerber um die Grade eines Licentiaten oder eines Doctors der Theologie an der evangelisch-theologischen Facultät in Wien zu machen haben, wird der Ober-Kirchenrath einen Commissär ernennen, welcher diesen Prüfungen beizuwohnen hat. Der Ober-Kirchenrath ist in Ausübung des ihm zustehenden kirchlichen Ober-Aufsichtsrechtes berechtigt, in den Stand der evangelisch-theologischen Facultät Einsicht zu nehmen und es sind ihm daher abverlangte Auskünfte periodisch oder von Fall zu Fall in der erforderlichen Ausführlichkeit von dem Lehrkörper der Facultät vorzulegen. An der Wiener evangelisch-theologischen Facultät werden Lehrkanzeln für Philosophie, classische Philologie und Geschichte errichtet. Die Facultät sendet ihre Abgeordneten zum Superintendential-Convent in Wien und zur General-Synode. Die Professoren der Theologie sind wählbar zum Amte eines Superintendenten." Gegen diesen Entwurf, soweit er dem Ober-Kirchenrathe eine Mitaufsicht über die Facultät einräumte, sowie gegen einen späteren Antrag (22. Juni 1861), dem zufolge die Facultät als Körperschaft oder auch einzelne Mitglieder derselben verpflichtet werden sollten, über Aufforderung des Ober-Kirchenrathes Gutachten zu erstatten und Schulbücher zu bearbeiten, verhielt sich das Professoren-Collegium ablehnend, weil solches ein Doppelregiment über die Facultät begründen, eine Collision der Amtspflichten der Professoren herbeiführen und die Facultät in eine andere, abhängigere Stellung, als die andern Facultäten, versetzen würde. Das officielle Verhältniss der Facultät und ihrer Professoren zu der evangelischen Kirche Cisleithaniens besteht dermalen in folgenden Punkten: Alle Doctoren, Professoren und Docenten der Theologie, welche das 24. Lebensjahr erreicht haben, sind wählbar zu einem evangelischen Pfarramte; die Facultät entsendet ihre Abgeordneten zu den Versammlungen der Superintendenz, in deren Sprengel sie liegt; sie entsendet desgleichen zwei Deputirte verschiedenen Bekenntnisses in die General-Synode A. und H. C.; sämmtliche ordentliche Professoren der Facultät sind (seit 8. September 1867) Mitglieder der theologischen Prüfungscommission, welche das Examen pro candidatura abzunehmen hat; der evangelische Ober-Kirchenrath kann die speciellen Ansprüche, welche an die in die Facultät aufzunehmenden Studirenden (z. B. in Betreff der Kenntniss der hebräischen Sprache) gestellt werden sollen, bestimmen; die Theologie-Studirenden aus dem Amtsbereiche des Ober-Kirchenrathes haben mindestens ein Jahr ihres gesetzlichen Trienniums an der Facultät zuzubringen. Die ehemaligen k. k. Consistorien haben sich ausserdem (laut Ministerial-Erlasses vom 5. November 1855) geneigt erklärt, alle allgemeinen Anordnungen, welche an die Superintendenten entweder als rein kirchliche oder als politisch-kirchliche Angelegenheiten ergehen, jedesmal in einer Abschrift auch dem Decanate der Facultät zum Behufe ihrer Berücksichtigung beim Vortrage des Kirchenrechtes mitzutheilen.

Ein Hauptstück der Facultäts-Gerechtssame bildet das Promotionsrecht. Die Ertheilung der Licentiatenwürde seitens der theologischen Lehranstalt wurde bereits im Jahre 1828 in Anregung gebracht. Da man aber zu jener Zeit nicht wohl absehen konnte, was damit gewonnen werden sollte, welche Rechte und Vorzüge damit verbunden werden könnten, da überdiess die Professoren, die doch diese Würde hätten ertheilen müssen, dieselbe selbst nicht besassen, so schien es den Consistorien räthlich, die ganze Sache auf sich beruhen zu lassen. Mit der Umgestaltung der Lehranstalt zur Facultät wurde derselben von Sr. Majestät zugleich das Promotionsrecht verliehen. Zum Behufe der Ausübung dieses Facultätsrechtes unterbreitete der Lehrkörper, dessen Majorität damals bereits den Doctorgrad besass [43]), am 25. Mai 1854 dem Ministerium für Cultus und Unterricht einen bezüglichen Statuten-Entwurf. Die bestandenen Consistorien, an welche derselbe am 30. October 1860 zur Begutachtung geleitet wurde, erklärten sich (21. März 1861) einverstanden bis auf die Bestimmung, nach welcher die Facultät befugt sein solle, ihre Würden wegen ausgezeichneter Verdienste um die Kirche zu ertheilen, weil der Facultät die eigentliche Competenz fehle, die Verdienste eines Mannes um die Kirche gehörig zu beurtheilen, und sie leicht in die Gefahr kommen könnte, Anerkennungen zu votiren, welche mit den Verhandlungsakten des Kirchenregimentes in unlösbarem Widerspruche stünden. „Demgemäss entspricht es dem rein wissenschaftlichen Berufscharakter der Facultät, dass dieselbe auch ihre Anerkennungen bloss auf rein wissenschaftliche Leistungen beschränke." Darauf antwortete das Professoren-Collegium am 15. Mai 1861, dass es undenkbar sei, wie irgend ein wahrhaft gebildeter, edler Mann im Dienste der Kirche oder einer höheren Bildungsanstalt mit der Kirchenregierung in irgend ein Zerwürfniss gerathen könnte, es sei denn ein auf Missverständniss beruhendes, das keine weitere Beachtung verdient. Die Statuten erhielten hiernach, unter Beibehaltung des von den Consistorien beanstandeten Punktes, am 18. Juli 1861 die Allerhöchste Bestätigung [44]), und es hat die Facultät

---

[43]) Jetzt gilt als gesetzliche Norm: „Ein zu einer Professur au die Facultät berufener Nichtgraduirter hat den evangelischtheologischen Doctorgrad binnen Jahresfrist zu erwerben."
[44]) Statuten der k. k. evangelisch-theologischen Facultät in Wien, in Betreff der Ertheilung der evangelisch-theologischen Würden. Wien, 1861.

seitdem wiederholt von ihrem Promotionsrechte Gebrauch gemacht.

Von der Organisation der Facultät wenden wir uns zu ihren Lehrkräften. Von den älteren Professoren gingen nur drei in das Facultäts-Collegium über: Laitner, Schimko, Stählin. Wenrich war bereits am 15. Mai 1845 heimgegangen. Patay kam im 72. Lebens- und 47. Dienstjahre, nachdem er 28 Jahre an der Lehranstalt verbracht hatte, wegen zunehmender Gebrechlichkeit und Schwäche, und weil, wie er selbst bescheiden anerkannte, unter veränderten Zeitverhältnissen jüngere Kräfte nothwendig waren, um seine Pensionirung ein. Er wurde am 12. Juli 1850 mit vollem Activitätsgehalt in den Ruhestand versetzt und starb am 25. December 1854. Es waren sonach die beiden Lehrkanzeln der Exegese neu zu besetzen. Für die Exegese A. C. wurde die Concurs-Prüfung am 6. und 7. Januar 1848 abgehalten und in Folge davon der bisherige Assistent Roskoff primo loco von den Consistorien wegen „Präcision seiner Darstellung, Entschiedenheit in seiner Ueberzeugung, Geistesschärfe und Lebendigkeit in seinem Vortrag" vorgeschlagen. Die Stürme des Jahres 1848 hinderten die Ratification dieses Vorschlages. Das Ministerium des Innern rescribirte (24. Juli 1848), die Lehrkanzel der Exegese und der orientalischen Sprachen solle vor der Hand nicht besetzt, die Verhandlung aber seiner Zeit wieder angeknüpft werden. Als nun Roskoff's gesetzliche Assistentenfrist ihrem Ende zuneigte, empfahlen ihn Directorat und Lehrkörper bei den Consistorien für die Professur der Exegese, und zwar, falls die bisherige unzweckmässige Scheidung der Exegese nach den Confessionen mit der zweckmässigeren nach den Testamenten vertauscht werden sollte, für die Lehrkanzel der Exegese Neuen Testamentes. Am 7. Mai 1850 wurde diese bessere Einrichtung genehmigt und Roskoff gleichzeitig mit der Professur der alttestamentlichen Exegese betraut. Er wirkt, seit 1864 Senior der Facultät, in seinem Amte zum grossen Segen der theologischen Jugend, und seine erfolgreiche Thätigkeit ist auch an höchster Stelle anerkannt worden durch die Ernennung zum Regierungsrathe. Seine semitische Gelehrsamkeit hat er durch verschiedene, feingeformte Schriften kundgethan [45]), und in seiner zweibändigen „Geschichte des Teufels" (Lpz. 1869) ein auf umfassenden Studien beruhendes, den reichen Stoff mit philosophischem Geist durchdringendes, vor dem Forum theologischer und weltlicher, deutscher und fremdländischer Wissenschaft anerkanntes Werk geschrieben. Wenn es wahr ist, was die rechtgläubige protestantische Kritik, die das wissen kann, versichert, dass der Verfasser der „Geschichte des Teufels" den Teufel todtgeschlagen habe, so ist das eine Ehre, die er mit dem Erzengel Michael theilt.

Zur Besetzung der neutestamentlichen Exegese wurde zweimal der Concurs ausgeschrieben, ohne genügenden Erfolg. Da übernahm Johann Carl Theodor Otto, mit A. h. Entschliessung vom 6. October 1851 als Professor der Kirchengeschichte neben den alternden Schimko (welcher am 30. März 1864 mit vollem Gehalt in den Ruhestand versetzt wurde und nach längerem Leiden am 1. December 1867 in Pressburg starb) berufen, zugleich die neutestamentliche Exegese und versah dieses zweite Amt, nach dem Zeugnisse der Facultätsacten, mit Würde, Eifer und Erfolg zehn Jahre lang. Otto, bedeutsam für die Facultät als der erste Ausländer, der an sie berufen wurde, und neben Bonitz, dem Philologen,

---

[45]) Die hebräischen Alterthümer in Briefen. Wien 1857. Die Simsonssage nach ihrer Entstehung, Form und Bedeutung und der Heraklesmythus. Lpz. 1860.

und Brücke, dem Mediciner, überhaupt der dritte, vom Ausland berufene Protestant, der zur akademischen Professur in Wien gelangte, ist am 4. October 1816 zu Jena geboren, studirte an der dortigen Universität Theologie und Philologie, wurde 1844 Privatdocent, 1848 ausserordentlicher Professor, als welcher er historisch-theologische und neutestamentlich-exegetische Vorlesungen hielt wie sein Lehrer Baumgarten - Crusius, dessen theologischer Richtung er folgt. Seine preisgekrönte Abhandlung: „De Justini Martyris scriptis et doctrina" (Jenae 1841), bestimmte seine künftigen Studien. Bereits 1843 nennt Eichstädt, Jena's einst berühmter Lateiner, ihn „Juvenis doctissimus, quem ex scholis nostris satis cognitum nobis ac probatum diligentius commendaremus, nisi editis eruditionis atque industriae praeclaris speciminibus sibimet ipse iam verissimam commendationem parasset. Nam duobus abhinc annis libellum emisit de Justini Martyris scriptis et doctrina, in certamine civium nostrorum praemio publice condecoratum, et nuper eiusdem eruditissimi Patris opera, prolegomenis, adnotatione et versione instructa, nova editione in lucem proferre coepit." Das Hauptwerk seines Lebens und auf patristischem Gebiete das erste in seiner Art, ist das „Corpus Apologetarum christianorum saeculi secundi," enthaltend die exegetisch-kritische Bearbeitung der Werke des Justinus, Tatianus, Athenagoras, Theophilus, Hermias, sowie die Fragmente des Quadratus, Aristides, Aristo, Miltiades, Melito und Apollinaris [46]), ausgezeichnet

---

[46]) IX Voll. Jenae (1812 ff.) 1847—71. Kleinere Schriften von ihm: De Victorino Strigelio. Jenae 1843. De Epistola ad Diognetum. Jenae 1845. Ed II. Lips. 1852. Zur Charakteristik des heiligen Justinus, Philosophen und Märtyrers. Wien 1852. Des Patriarchen Gennadios von Constantinopel Confession. Kritisch untersucht und herausgegeben. Wien 1864. Er gab heraus Baumgarten-Crusius' Commentare zum Evangelium des Matthäus (Jena 1844), des Marcus und Lucas (Jena 1845).

durch Akribie und eine Alles berücksichtigende Sorgsamkeit, auch in Bezug auf das in vorher nicht gekannter Vollständigkeit zusammengebrachte handschriftliche Material. Wie Roskoff, so war auch Otto Mitglied des bestandenen k. k. Unterrichtsrathes (1863—67), und erhielt, wie Jener, in Ansehung seiner eifrigen und erfolgreichen Thätigkeit im Lehramte, den Titel und Charakter eines Regierungsrathes [47]. Auf den Lehrstuhl der neutestamentlichen Exegese wurde am 8. September 1861 Carl Albrecht Vogel berufen, geboren am 10. März 1822 in Dresden. Er studirte in Leipzig und Berlin unter August Neander, der ihn auch nach Jena geleitete, wo er zuerst als Privatdocent (1850), dann als ausserordentlicher Professor im Geiste seines geliebten Lehrers auf kirchenhistorischem, exegetischem und practischem Gebiete wirkte. Das akademische Catheder hat ihn weder damals noch jetzt der Kanzel entfremdet. Sein zweibändiges Hauptwerk: „Ratherius von Verona und das zehnte Jahrhundert" [48], unternommen im guten Glauben an die Continuität der göttlichen Leitung, hat jenes dunkle Zeitalter (Saeculum obscurum) der Kirche (von Baronius das eiserne und bleierne genannt), da der Herr im Schifflein zu schlafen schien, aufhellen und ein gerechteres Urtheil über dasselbe vermitteln helfen. Seine neuesten Studien haben ihn zur Itala geführt [49]. Für die Facultät und ihre corporativen

---

[47]) Zu seiner Biographie vergl. Unsere Zeit. Jahrbuch zum Conversationslexikon. Bd. 2. (Lpz. 1858.) S. 796. Const. von Wurzbach, Biographisches Lexikon des Kaiserthums Oesterreich. Bd. 21. (Wien 1870.) S. 138 f. und 510. (Hier manches Unrichtige.)

[48]) Jena 1854. Ausserdem: De Bonizonis episcopi Sutrini vita et scriptis. Jenae 1850. Peter Damiani. Jena 1856. Der Kaiser Diocletian. Gotha 1857, und Predigten.

[49]) Beiträge zur Herstellung der alten lateinischen Bibelübersetzung. Wien 1868.

Wünsche tritt er mit unermüdlichem Eifer ein. — Als Laitner, der Professor der Moral und Pastoraltheologie, aus Veranlassung seines fünfundzwanzigjährigen Dienstjubiläums mit dem Titel eines Consistorialrathes geehrt, am 4. October 1855 heimgegangen war, konnte das Professoren-Collegium um somehr die Auflassung der Professur der christlichen Ethik und deren Vereinigung mit der Professur der Dogmatik, als wodurch die gesammte systematische Theologie der Natur der Sache gemäss in eine Hand komme, beantragen [50]), als bereits am 29. Oct. 1849 neben Laitner ein besonderer Professor der practischen Theologie, mit der Verpflichtung, die speciellen Fächer des allgemeinen österreichisch-evangelischen Kirchenrechtes, der Pastoraltheologie im engeren Sinne, der Liturgik, Homiletik und Katechetik zu lesen, sowie homiletische und katechetische Uebungen abzuhalten, ernannt worden war, Karl Kuzmány, geboren am 16. November 1806 zu Bries im Sohler Comitate. Nachdem er seine Studien in Sajó-Gömör, Pressburg und Jena, wo besonders Fries durch seine Vorlesungen und Schriften auf ihn wirkte, gemacht hatte, wurde er 1830 Superintendentialdiacon zu Neusohl, hierauf Pfarrer zu Altsohl, dann zu Neusohl, wo er 17 Jahre des Nationalitätenkampfes verlebte, bis er 1849 vor dem Revolutionssturme nach Wien sich zurückzog, und ein Asyl an der evangelisch-theologischen Facultät fand. In seiner Antrittsrede [51]) wandte er Cicero's Wort auf sein eigenes Geschick an: „Eversa est domus, vexatae fortunae, dissipati liberi, ego pulsus aris, focis, diis penatibus, distractus a meis carui

---

[50]) Ein Antrag, welcher höheren Orts (Ministerial-Erlass vom 16. März 1861) gebilligt wurde.
[51]) Recitatio publica, qua Professionem Theologiae practicae in C. R. Academia evang. theologica Viennensi capessivit d. 3. Dec. 1849. Viennae 1850.

patria, pertuli crudelitatem inimicorum, scelus infidelium, fraudem invidorum." Seine theologische Richtung war positiver, als die bis dahin an der Lehranstalt vertretene. Die Tübinger Schule galt ihm für antichristlich und den Rationalismus wies er entschieden von sich, hielt jedoch dafür, dass theologische Verirrungen mit der Kraft des heiligen Geistes überwunden, nicht mit roher Gewalt erdrückt werden sollten. Ausser durch seine Mitarbeit au Verbesserung der böhmisch-slavischen Bibelübersetzung und an Rajevsky's Uebersetzung des Euchologion der orientalisch-orthodoxen Kirche aus dem Griechischen, hat er sich besonders um das österreichische evangelische Kirchen- und Eherecht [52]) verdient gemacht und steht in der evangelischen Kirche slavischer Zunge als Theolog in grossem Ansehen [53]). Unter seiner Leitung wurde von den Studirenden der Facultät evangelischer Gottesdienst in slavischer Sprache gehalten. Auf dem Superintendential-Convente zu Bries am 27. Juni 1860 wurde Kuzmány zum Superintendenten des Pressburger evangelischen Kirchendistricts A. C. gewählt und im Juli dieses Jahres bestätigt, ohne jedoch vorläufig von seiner Professur enthoben zu werden. Er kehrte daher nach halbjährigem Urlaub zu derselben zurück, bis er sie 1863 definitiv aufgab und im März des genannten Jahres als Super-

---

[52]) Lehrbuch des allgemeinen und österreichischen evangelisch-protestantischen Kirchenrechtes. Wien 1855. Urkundenbuch zum österreichisch-evangelischen Kirchenrecht. Wien 1856. Handbuch des allgemeinen und österreichischen evangelisch-protestantischen Eherechtes. Wien 1860. Das gute Recht der evang. A. C. Pressburger Superintendenz. Wien 1866.

[53]) Haan: Jena Hungarica. S. 155: „Kuzmanyum ecclesia evangelica in Hungaria merito maxime activis acconset ministris, qui sibi praesertim in campo litteraturae ecclesiasticae de re evangelica durabilia paravit merita." Slavische Blätter. Herausgegeben von Abel Lukšić. 1. Jahrg. Wien 1865. S. 308 ff.

intendent der sogenannten coordinirten slovakischen Gemeinden nach Turócz St. Márton, wo er nach A. h. Verordnung seinen Superintendentialamtssitz zu nehmen hatte, übersiedelte. In diesem hohen Kirchenamte, zugleich erster Pfarrer der evangelischen Kirchengemeinde A. C. zu Turócz St. Márton und erster Vicepräsident der Matica Slovenska, starb er am 14. August 1866 zu Stubna im Turóczer Comitate. Nach Kuzmány's Scheiden von der Facultät wurden die Vorlesungen über die Pastoraltheologie und Liturgik am 2. April 1863 dem in Wien stationirten evangelischen Garnisonsprediger Johann Michael Seberiny übertragen. Seine Ernennung zum Professor der practischen Theologie erfolgte am 23. Nov. desselben Jahres. Der jüngste Sohn des hochangesehenen Montan-Superintendenten Johann Szeberinyi, ist er geboren 1825 zu Schemnitz, studirte in Eperies, Jena und Berlin, wurde Pfarrer in Börzsöny, in Egyházas Marót, endlich an seines Vaters Stelle an der damals vereinigten deutsch-slavischen evangelischen Gemeinde zu Schemnitz, wo er sich den Ehrennamen restaurator gymnasii erwarb. Er wirkt im Sinne Kuzmány's an der Facultät, positiv aber nicht exclusiv, und verkündet als Garnisonsprediger das Evangelium gleich beredt in drei Sprachen. Neuerdings ist er zum Beirath im k. und k. Reichskriegsministerium in evangelischen Angelegenheiten und zum Militärsuperintendenten ernannt worden [54]).

Nach Patay's Ausscheiden stellte der Lehrkörper (4. Nov. 1850) den Antrag auf Ernennung eines Professors

---

[54]) Haan: Jena Hungarica. S. 172 f. Seine Schriften sind: Eszmetöredékek a magyarhoni protestantismus jelen stadiumán. Pesth 1857. Antrittsrede. Wien 1863. Der Pseudo-Protestantismus auf kirchenrechtlichem Gebiete. Wien 1865. A két protestáns hitfelekezet Föderátiója. Bécs. 1869.

der Dogmatik H. C. Am 12. August 1851 ward für diese Lehrkanzel Gabriel Szeremlei (Szeremlei Gábor), geboren zu D. Horvath am 4. Dec. 1807, berufen, damals philosophischer Professor zu Sáros-Patak und als lumen Hungariae gefeiert. In Wien trug er die Dogmatik lateinisch oder ungarisch vor, und hat auch nachgehends eine christliche Glaubenslehre in ungarischer Sprache veröffentlicht [55]). Der Zufluss reformirter Studenten hat in Folge dieser Berufung nicht zugenommen, weil, wie die Facultätsacten bemerken, die ungarischen reformirten Candidaten die Wiener evangelische Facultät, sowie die auswärtigen Universitäten, schon wegen Unkunde der deutschen Sprache, von jeher nur selten zu besuchen pflegten. Szeremlei ging schon am 6. Sept. 1856 als Professor der Dogmatik nach Sáros-Patak zurück, woselbst er im Jahre 1867 gestorben ist. Die Wiederbesetzung seines Lehrstuhles wurde von verschiedenen Seiten und wiederholt in Anregung gebracht, von den Consistorien (1856), von der Wiener Superintendential-Versammlung H. C. (1863), vom Professoren-Collegium (1856, 1857, 1861), von letzterem mit dem Bemerken, dass die reformirte Kirche es sehr schwer trägt, dass von allen an der Facultät wirkenden Professoren keiner dieser Kirche angehört. Zugleich wird beantragt, es möge der für die reformirte Dogmatik anzustellende Professor verpflichtet werden, noch einige andere Fächer, die bei dem Mangel an Lehrkräften entweder gar nicht oder nur selten vorgetragen werden könnten, zu übernehmen, wie biblische Theologie, Dogmengeschichte und Exegetica, deren Vermehrung wünschenswerth sei. Auf Grund am 22. Dec. 1862 erstatteter Vorschläge wurde am 12. Jänner 1864 Eduard

---

[55]) Keresztyén Vallástudomány. Sárospatak 1859.

Böhl, geboren 1836 zu Hamburg, Licentiat und Privatdocent der Theologie in Basel, ernannt. Bis daher alttestamentlichen Studien zugethan [56]), will er als Dogmatiker mit dem schon vorhandenen Besitz der reformirten Kirche vertraut machen, nicht aber spinnenartig die Dogmen aus seinem eigenen Kopf und Bewusstsein hervorgehen lassen [57]). Am 9. Juli 1864 wurde er von der Generalsynode H. C. in deren Synodalausschuss gewählt.

Der Lehrstuhl der Dogmatik A. C. verwaiste mit dem allzufrühen Heimgange Stählin's am 10. April 1861. An seine Stelle trat am 12. Sept. 1861 Richard Adelbert Lipsius, ausserordentlicher Professor der Theologie in Leipzig, geboren am 14. Februar 1830 zu Gera, wo sein als Gelehrter und Schulmann wohlverdienter Vater, Karl Heinrich Adelbert Lipsius, Prorector am Rutheneum war [58]). Unter der jüngeren Generation protestantischer Theologen der Vorzüglichsten Einer, den noch als Leipziger Privatdocenten Jena mit dem theologischen Doctorate ehrte, den Heidelberg als Nachfolger Richard Rothe's wünschte. Seine vielversprechende Erstlingsschrift: „Die paulinische Rechtfertigungslehre" (Leipzig 1853), konnte noch D. Liebner, wenn auch mit Vorbehalt, vor das theologische Publicum führen. In seinen folgenden Schriften hat er sich mit Vorliebe dem von der Tübinger Schule bebauten Felde in freier Selbstständigkeit zugewandt [59]), ist aber auch tief in die Systeme und die

---

[56]) De Aramaismis libri Koheleth. Erl. 1860. Vaticinium Jesaiae. Cap. 24 — Cap. 27. Lips. 1861. Zwölf messianische Psalmen erklärt. Basel 1862.
[57]) Die zweite Helvetische Confession. Eine Antrittsrede. Wien 1864. Er gab heraus: „Confessio Helvetica posterior ad fidem editionis principis an. 1566." Vindob. 1866.
[58]) Er starb als Rector der Thomasschule in Leipzig.
[59]) De Clementis Romani epistola ad Corinthios priore. Lips. 1855. Ueber die Echtheit der syrischen Recension der ignatianischen

Gedankenarbeit der neueren Dogmatiker eingedrungen. Ueberall in seinen Schriften dieselbe echt wissenschaftliche Methode, derselbe kritische Scharfsinn, dieselbe nie ermüdende Sorgfalt. Oesterreich, das ihm bald zur zweiten Heimat wurde, gab ihm erwünschte Gelegenheit, im k. k. Unterrichtsrathe und als Abgeordneter der Facultät bei der ersten evangelischen Generalsynode auch ausser dem Lehramte thätig zu sein. Im Herbste 1865 folgte Lipsius, nur vier Jahre hindurch eine Zierde der Wiener Facultät, einem Rufe zur Professur der Dogmatik an die damals gleichsam österreichische Universität Kiel. Ungern sah ihn das Professoren-Collegium aus seiner Mitte scheiden, und sandte ihm einen Nachruf liebevoller Erinnerung zu. In Kiel hat er seine wissenschaftliche Thätigkeit rüstig fortgesetzt, auf Kirchen- und Protestanten-Tagen sein vernehmliches Wort im Sinne des liberalen Protestantismus gesprochen, für die freie Gestaltung der Kirche gekämpft, nicht ohne bischöfliche Anfechtung. Luthardt's Kirchenzeitung erzählt es klagend ihren Lesern, dass Lipsius einen immer grössern Beifall und zahlreichern Anhang bei den jungen Theologen in Kiel finde. „Seine Gaben und seine Gelehrsamkeit machen Eindruck, Klarheit und dialectische Gewandtheit sind ihm nicht abzusprechen, und der Fluss seiner Rede verfehlt nicht seine Wirkung." Lipsius wünschte zu seinem Amtsnachfolger in Wien den ausserordentlichen Professor

---

Briefe. 1856. Ueber das Verhältniss des Textes der drei syrischen Briefe des Ignatios zu den übrigen Recensionen der ignatianischen Literatur. Lpz. 1859. Der Gnosticismus. Lpz. 1860. Zur Quellenkritik des Epiphanios. Wien 1865. Die Papstverzeichnisse des Eusebios. Kiel 1868. Chronologie der römischen Bischöfe bis zur Mitte des 4. Jahrh. Kiel 1869. Ausserdem viele schätzenswerthe Abhandlungen in der Allgemeinen Encyklopädie, in Hilgenfeld's Zeitschrift für wissenschaftliche Theologie und anderwärts.

Gustav Wilhelm Frank in Jena. Nachdem das Professoren-Collegium ihn wiederholt mit Majoritätsbeschluss hohen Ortes in Vorschlag gebracht hatte, erfolgte am 9. April 1867 seine Ernennung zum Professor der Dogmatik und Symbolik A. C., sowie der christlichen Ethik. Frank ist der dritte Professor, welchen das Seminarium Doctorum, Jena, an die Wiener Facultät abgab. Er hat, nachdem er den Gymnasialcurs in seiner Vaterstadt Schleiz vollendet, seine wissenschaftlichen Studien in Jena gemacht, dort die Begeisterung für die Theologie und mit ihr die stille Sehnsucht nach dem akademischen Catheder eingeathmet. Die theologische Facultät ernannte ihn am dreihundertjährigen Jubiläum der Universität, in Gemeinschaft mit dem Pfarrer Wilkens in Wien und dem Prediger Lisco in Berlin, honoris causa zum Licentiaten, nahm ihn 1859 als Privatdocenten in ihre Mitte auf, erwirkte nach zweimaligem Vorschlag 1864 seine Ernennung zum ausserordentlichen Professor, und erfreute ihn bei seinem Abgang nach Wien mit dem Ehrendoctorate der Theologie. Diese ununterbrochene Kette von Gunstbeweisen, das frisch pulsirende wissenschaftliche Leben, die Liebe treuer Collegen und Commilitonen, vor Allem der vertraute Umgang, dessen D. Hase in edler Freundschaft ihn würdigte, lassen mitten in der glänzenden Kaiserstadt ihn gern an das liebe kleine Jena denken. Seine Festschrift „Die Jenaische Theologie in ihrer geschichtlichen Entwickelung" (Lpz. 1858) erweiterte sich ihm zu einer „Geschichte der protestantischen Theologie"[60]), deren

---

[60]) 1. Theil. Von Luther bis Johann Gerhard. Lpz. 1862. 2. Theil. Von Georg Calixt bis zur Wolff'schen Philosophie. Lpz. 1865. Ausser einer Reihe Artikel in Zeitschriften und in Herzog's theologischer Real-Encyklopädie schrieb er: Memorabilia quaedam Flaciana cum brevi annotatione editoris. Schleizae 1856. De Luthero

dritter Theil sich wesentlich zu einer Geschichte des Rationalismus gestalten wird. Mit A. h. Entschliessung vom 31. Juli 1867 wurde er zum Mitgliede des k. k. evangelischen Ober-Kirchenrathes ernannt, welches Amt ihn in vertraute Bekanntschaft mit den inneren Verhältnissen und Bedürfnissen der evangelischen Kirche Oesterreichs gebracht hat, und darum in mancher Hinsicht wohlthätig zurückwirkt auf sein theologisches Lehramt.

Das Professoren-Collegium in seiner dermaligen Zusammensetzung repräsentirt die verschiedenen theologischen Hauptrichtungen der Gegenwart. Aber die Verschiedenheit der Richtungen stört weder die collegiale Eintracht, noch hindert sie ein gedeihliches Zusammenwirken. Vielmehr gerade dadurch wird unsere theologische Jugend vor dogmatischer Einseitigkeit bewahrt. Extreme, sei es zur Rechten oder zur Linken, werden von hier schwerlich ausgehen.

Nachdem bereits bei der Gründung der theologischen Lehranstalt an ihre Vereinigung mit der Wiener Universität gedacht worden war, und das Jahr 1848 diesen Gedanken neu belebt und unvermeidlich gemacht hatte, konnte die Erhebung der Lehranstalt zur Facultät nur als Vorbote zu dieser Verbindung angesehen werden. Das Professoren-Collegium hat wiederholt in motivirten Gesuchen um Einverleibung in den Organismus der Wiener Universität (18. Juni 1861, 5. Juni 1868) und um Unterbringung in dem neu zu errichtenden Universitätsgebäude (Dec. 1861, Juli 1863) petitionirt. Es wurde in diesem

---

rationalismi praecursore. Lips 1857. De Matthiao Flacii Illyrici in libros sacros meritis. Lips. 1859. De academia Jenensi evangelicae veritatis altrice. Schleizae 1858. Johann Major, der Wittenberger Poet. Halle 1863. Dr. Carl Friedrich Bahrdt. Ein Beitrag zur Geschichte der deutschen Aufklärung. Lpz. 1867. Gab heraus: Religionsphilosophie von Ernst Friedrich Apelt. Leipzig 1860

Bestreben unterstützt von den evangelischen General-
synoden, welche sich in ihrer Denkschrift vom 9. Juli 1864[61])
dahin aussprachen: „Die Synoden halten obenan fest an
dem Grundsatze, dass die evangelisch-theologische Facultät
in Wien die hohe Aufgabe hat, Seelsorger und Lehrer
der evangelischen Gemeinden heranzubilden. Aber dessen-
ungeachtet können die Synoden es sich nicht verhehlen,
dass die evangelisch-theologische Wissenschaft, um gedeihen
zu können, bei uns, wie überall, ein Glied der universitas
literarum zu bilden habe. Das aber ist in Wien nicht der
Fall, woselbst die evangelisch-theologische Facultät gegenwärtig ausserhalb des Verbandes der Universität steht.
Nun erfordert aber die einem evangelischen Theologen
ziemende Erforschung der H. Schrift die Beihilfe der
classischen, wie nicht minder der orientalischen Philologie;
die Kirchengeschichte fordert Ergänzung durch die Weltgeschichte; das dogmatische Studium verlangt Kenntniss-
nahme von den philosophischen Systemen. Und selbst
naturhistorische, medicinische wie auch juristische Studien
liegen dem Bildungsgang des tiefer eindringenden evangelischen Theologen durchaus nicht fern. Es erscheint
demnach die evangelisch-theologische Wissenschaft ihrem
Wesen nach mit nichten als eine vereinzelte, sondern sie
steht in einem innigen Verhältniss zu vielen anderen
Wissenschaften. Die äussere Trennung, welche in Wien
zwischen der Universität und der evangelisch-theologischen
Facultät obwaltet, muss im Laufe der Zeit mehr und mehr
eine innerliche werden. Sie muss endlich zum Nachtheil
ausschlagen für den abgetrennten Bestandtheil. Das
lebendige und gedeihliche Ineinandergreifen der Wissen-

---

[61]) Die erste Generalsynode der evangelischen Kirche Augsb.
und Helv. Bekenntnisses in den deutsch-slavischen Ländern Oesterreichs. Wien 1864. S. 178 f.

schalten ist durch die äussere Trennung unterbunden, das Bewusstsein der Zusammengehörigkeit der evangelisch-theologischen Wissenschaft mit den übrigen sie vielfach ergänzenden Wissenschaften wird gelähmt, und es ist Gefahr vorhanden, dass die Facultät mit der Zeit herabsinke zu einem blossen Seminar. Angesichts des grossen Nutzens, den sich die Synoden aus der in Rede stehenden Einverleibung für die Facultät versprechen, und in Anbetracht der Gefahr, die im Unterlassungsfalle der evangelisch theologischen Facultät droht, glaubten die Synoden auch diesen Punkt kurz berühren zu sollen. Sie thun dies mit der Ueberzeugung, dass in Betracht der eben geschilderten Sachlage kein Hinderniss der gewünschten Einverleibung in den Weg treten dürfte, welches zu beseitigen ausserhalb der Macht der hohen Staatsregierung gelegen wäre." Besonders lebhaft wurde bei Gelegenheit des fünfhundertjährigen Jubiläums der Wiener Universität die Getrenntheit der evangelisch-theologischen Facultät empfunden. Dreiundzwanzig Professoren der Universität Tübingen, sowie die Professoren der evangelisch-theologischen Facultät in Bonn, fühlten sich damals gedrungen, der Wiener Schwesterfacultät ihr Bedauern darüber auszusprechen, dass es derselben nicht vergönnt war, an der fünfhundertjährigen Jubelfeier, als ein der Wiener Universität eingefügtes Glied Theil nehmen zu dürfen. „Wenn das altprotestantische Tübingen eine katholisch-theologische Facultät in sich aufnehmen konnte, warum sollte die Wiener Universität nicht Ihre evangelisch-theologische Facultät, die bald das fünfzigjährige Jubiläum feiern wird, ebenso sich eingliedern können?" Eine amtliche Antwort in dieser Angelegenheit ertheilte am 22. Juli 1868 der damalige Cultusminister v. Hasner, dahin lautend: „Die Einverleibung der Facultät in den organischen Verband der Wiener Universität hängt ihrer Natur nach wesentlich mit dem Statute dieser Universität zusammen, über dessen definitive Regelung eine alle einschlägigen Fragen umfassende Verhandlung im Zuge ist. Das Ministerium wird hierbei die wiederholten Bitten der Facultät nach allen hierbei sich aufdringenden Richtungen einer sorgfältigen Würdigung unterziehen, ist aber eben deshalb derzeit nicht in der Lage, den Resultaten dieser Verhandlung durch eine in irgend einer Richtung bindende Erklärung oder Zusage vorzugreifen." In neuester Zeit hat die Facultät bei Regierung und Reichsvertretung die ihr gutscheinenden Schritte gethan, um dieses ihr ceterum censeo seiner naturgemässen Erfüllung, so viel an ihr liegt, entgegenzuführen.

Am 2. April 1871 sind unserer Facultät die ersten fünfzig Jahre ihres Bestehens verflossen. Sie wird ihr Semisäcularfest feiern im dankenden Aufblick zu Dem, der Seinen Segen auf diese Anstalt, welche Seiner Ehre dient, gelegt hat; sie wird es feiern dankerfüllt gegen den verklärten Monarchen, ihren hochherzigen Gründer, gegen die Gnade Sr. Majestät des Kaisers, deren sie sich erfreuen darf, gegen die hohe Behörde, unter deren Obhut sie steht, gegen die Vertretung des Reiches, welche, die ideale Aufgabe des Staates erkennend, bereitwillig die Mittel zu ihrer Erhaltung gewährt; sie wird es feiern wohleingedenk ihrer hohen Bestimmung, ein heiliges Feuer zu entzünden im Herzen einer frisch aufstrebenden Jugend, der evangelischen Kirche dieser Lande, vom Lichte des Evangeliums, dem reinen und milden Licht, erleuchtete, vom Geiste des Herrn erfüllte, für sein Reich begeisterte Lehrer zuzubilden, Diener des Ewigen, Propheten des Höchsten, der Menschheit ihre Wege weisend, die Thore des Heiligthums erschliessend und voranleuchtend durch Frömmigkeit. An der Schwelle ihres zweiten halben Jahrhunderts umschwebt unsere Facultät das Ideal einer christlichen Lehr- und Bildungsstätte, wie Melanchthon, der Praeceptor Germaniae und das rechte Vorbild eines protestantischen Professors, es gezeichnet hat in dem schönen Worte: „Non dubium est, scholam christianam verissime templum Dei esse, in quo in animis iuventutis adest Deus, et assident casti angeli custodes corporum et ipsorum parietum, intra quos sonat vox doctrinae, quae necessaria est ecclesiae." Je mehr aber unsere Facultät ihrem heiligen Ziele sich nähert, um so mehr wird die evangelische Kirche diesseits — und, wie wir hoffen, auch jenseits — der Leitha, alte hinfällig gewordene Vorurtheile abschüttelnd, ihre Hand halten über diese von den frommen Altvätern der Reformationszeit begehrte, den Nachkommen aber durch kaiserliche Huld gewährte Pflegestatt evangelisch-theologischer Wissenschaft in ihrer Mitte, eine Warte des Protestautismus, die über keine Macht gebietet, als die der göttlichen Wahrheit, und keinen Bundesgenossen hat, als die freie, wissenschaftliche Ueberzeugung.